Racconti in Spagnolo

Racconti in Spagnolo per principianti e intermedi

Rico Rodriguez

greenthumbpublishing@gmail.com

Contenuti

Introduzione

La lettura di una lingua straniera è uno dei modi più efficaci per migliorare le competenze linguistiche e ampliare il vocabolario. Tuttavia, a volte può essere difficile trovare materiali di lettura coinvolgenti e di livello adeguato, che diano una sensazione di realizzazione e di progresso. La maggior parte dei libri e degli articoli scritti per i madrelingua può essere troppo lunga e difficile da capire, oppure può avere un vocabolario di livello molto alto, per cui ci si sente sopraffatti e si rinuncia. Se questi problemi vi suonano familiari, allora questo libro fa per voi!

Racconti Brevi in Spagnolo è una raccolta di 25 racconti non convenzionali e divertenti pensati per aiutare gli studenti di livello da principiante a intermedio di Spagnolo a migliorare le loro competenze linguistiche.

Questi racconti creano un ambiente di lettura di supporto, includendo;

- Ricchi contenuti linguistici in diversi generi per intrattenere l'utente ed esporlo a una varietà di forme di parole.
- Storie brevi in capitoli per darvi la soddisfazione di finire le storie e progredire rapidamente.
- Testi scritti al vostro livello in modo da essere più facilmente comprensibili e non opprimenti.
- Traduzione italiana a pagine alterne per potervi fare riferimento direttamente riga per riga durante la lettura della storia Spagnolo.
- I vocaboli chiave sono stampati in grassetto lungo tutta la storia e la traduzione per aiutare a capire meglio le parole non familiari.

- Domande di comprensione per testare la comprensione degli eventi chiave e per incoraggiare la lettura più approfondita.

Se volete ampliare il vostro vocabolario, migliorare la vostra comprensione o semplicemente leggere per divertimento, questo libro è il più grande passo avanti che farete nei vostri studi quest'anno. I Racconti Brevi in Spagnolo vi daranno tutto il supporto di cui avete bisogno, quindi sedetevi, rilassatevi e lasciate correre la vostra immaginazione mentre venite trasportati in un magico mondo di avventura, mistero e intrighi - in Spagnolo!

Come utilizzare questo libro

La lettura è un talento difficile da padroneggiare. Nella nostra lingua madre usiamo una serie di micro-abilità per aiutarci a leggere. Ad esempio, possiamo sfogliare un brano per avere una comprensione approssimativa del contenuto. Oppure potremmo sfogliare numerose pagine di un orario ferroviario alla ricerca di un orario o di un luogo specifico. Mentre queste micro-abilità sono una seconda natura quando leggiamo nella nostra lingua madre, la ricerca rivela che spesso dimentichiamo la maggior parte di esse quando leggiamo in una lingua straniera. Quando si impara una lingua straniera, di solito si parte dall'inizio di un testo e lo si sfoglia, cercando di capire ogni singola parola. Inevitabilmente, ci imbattiamo in termini sconosciuti o complessi e ci infastidisce l'incapacità di comprenderli.

Uno dei maggiori vantaggi della lettura di una lingua straniera è quello di essere esposti a un gran numero di frasi ed espressioni che vengono utilizzate nelle situazioni quotidiane. La lettura intensiva è un termine usato per descrivere la lettura per piacere al fine di imparare una lingua. Non è come la lettura di un libro di testo, quando le conversazioni o i testi sono concepiti per essere letti lentamente e con attenzione con l'obiettivo di comprendere ogni parola. La "lettura intensiva" si riferisce alla lettura effettuata per raggiungere obiettivi di apprendimento specifici o per completare compiti. In altre parole, la lettura approfondita dei libri di testo di solito favorisce l'apprendimento di regole grammaticali e di un vocabolario particolare, mentre la lettura intensiva di storie favorisce l'apprendimento del linguaggio

naturale.

I Racconti Brevi in Spagnolo vi offriranno l'opportunità di conoscere meglio la lingua naturale Spagnolo in uso, anche se forse avete iniziato il vostro percorso di apprendimento delle lingue esclusivamente con i libri di testo. Ecco alcuni suggerimenti da tenere a mente mentre leggete le storie di questo libro per trarne il massimo beneficio: Quando si tratta di leggere, il divertimento e il senso di realizzazione sono fondamentali. Si continua a tornare perché ci si diverte a leggere. Leggere ogni storia dall'inizio alla fine è il metodo migliore per godersi le storie e sentirsi realizzati. Di conseguenza, la cosa più importante è arrivare alla fine di una storia. È più importante che conoscere ogni singola parola.

Più si legge, più si acquisisce conoscenza. Se si leggono libri più grandi per piacere, si acquisisce rapidamente una conoscenza di come funziona la Spagnolo. Tuttavia, tenete presente che per ottenere tutti i benefici della lettura estensiva, dovete prima leggere un volume sufficientemente consistente. Leggere qualche pagina qua e là può insegnare qualche parola nuova, ma non farà una differenza significativa nel livello generale di Spagnolo.

Accettate il fatto che non riuscirete a comprendere tutto ciò che leggete in un romanzo. Questo è, senza dubbio, il punto più cruciale! Ricordate sempre che non capire tutte le parole o le frasi è assolutamente accettabile. Non significa che le vostre competenze linguistiche siano inadeguate o che il vostro rendimento sia scarso. Indica che state partecipando attivamente al processo di apprendimento.

Guida alla lettura

Per trarre il massimo beneficio dalla lettura di Racconti Brevi in Spagnolo, è meglio seguire questo semplice processo di lettura in sei fasi per ogni capitolo dei racconti:

1. Leggete il titolo del capitolo. Pensate al tema della storia. Poi leggete la storia fino in fondo. Il vostro obiettivo è semplicemente quello di arrivare alla fine della storia. Pertanto, non fermatevi a cercare le parole e non preoccupatevi se ci sono cose che non capite. Cercate semplicemente di seguire la trama.

2. Quando arrivate alla fine della storia, scrutate la traduzione italiana per vedere se avete capito cosa è successo e per cogliere il contesto che vi è sfuggito.

3. Tornate indietro e rileggete la stessa storia. Se volete, potete concentrarvi di più sui dettagli della storia rispetto a prima, ma altrimenti leggete semplicemente un'altra volta.

4. Successivamente, leggete le domande di comprensione in Spagnolo per verificare la vostra comprensione degli eventi chiave della storia. Se non capite completamente le domande, non preoccupatevi. Utilizzate le vostre conoscenze per rispondere al meglio.

5. A questo punto dovreste aver compreso gli eventi principali del capitolo. In caso contrario, potreste rileggere il capitolo alcune volte utilizzando la traduzione per controllare le parole e le frasi sconosciute fino a quando non vi sentirete sicuri.

Una volta che siete pronti e sicuri di aver capito cosa è successo - che sia dopo una o più letture della storia - passate alla storia successiva e continuate a godervi la storia al vostro ritmo, proprio come fareste con qualsiasi altro libro.

Solo una volta completata una storia nella sua interezza, si può pensare di tornare indietro e studiare il linguaggio della storia in modo più approfondito, se lo si desidera. Oppure, invece di preoccuparvi di capire tutto, prendetevi del tempo per concentrarvi su ciò che avete capito e congratularvi con voi stessi per quanto avete fatto.

Racconti in Spagnolo

Rico Rodriguez

Fiesta de la Tomatina

La Fiesta de la Tomatina es un acontecimiento único que tiene lugar en la pequeña ciudad de Buol, España. Cada año, el último miércoles de agosto, los lugareños y los **visitantes** se reúnen para **participar** en lo que se conoce como la mayor pelea de comida del mundo. Durante una hora, los participantes se lanzan **tomates** hasta que las calles quedan inundadas de pulpa roja y zumo. Es una experiencia emocionante que todo el mundo debería probar al menos una vez. Siempre había querido vivir la Fiesta de la Tomatina, y por fin tuve la oportunidad el año pasado. Al principio estaba un poco nerviosa, sin saber qué esperar. Pero en cuanto los tomates empezaron a volar, todos mis temores se desvanecieron. Fue muy divertido. Nunca me había **reído tanto en** mi vida. Y quedar cubierto de pies a cabeza de jugo de tomate es extrañamente satisfactorio. Si buscas una experiencia realmente única y memorable, ¡pon el Festival de la Tomatina en tu lista de deseos! Después de una hora de lanzar tomates sin parar, las calles eran un desastre resbaladizo. Era difícil caminar sin resbalar, y aún más difícil ver **a través de** todo el jugo rojo que ahora corría por mi cara.

Sagra della Tomatina

La Festa della Tomatina è un evento unico che si svolge nella piccola città di Buol, in Spagna. Ogni anno, l'ultimo mercoledì di agosto, la gente del posto e i **visitatori** si riuniscono per **partecipare** a quella che è diventata la più grande battaglia alimentare del mondo. Per un'ora, i partecipanti si colpiscono a vicenda con i **pomodori** finché le strade non vengono inondate di polpa e succo rosso. È un'esperienza esilarante che tutti dovrebbero provare almeno una volta! Ho sempre desiderato vivere in prima persona la Festa della Tomatina e finalmente l'anno scorso ne ho avuto l'occasione. All'inizio ero un po' nervosa, non sapendo cosa aspettarmi. Ma non appena i pomodori hanno iniziato a volare, tutte le mie paure si sono dissolte. È stato così divertente! Non ho mai **riso** così tanto in vita mia. E farsi ricoprire dalla testa ai piedi di succo di pomodoro è stranamente soddisfacente. Se siete alla ricerca di un'esperienza davvero unica e memorabile, mettete il La Tomatina Festival nella vostra lista di cose da fare! Dopo un'ora di lancio ininterrotto di pomodori, le strade erano un disastro scivoloso. Era difficile camminare senza scivolare e ancora più difficile vedere **attraverso il** succo rosso che mi colava sul viso.

Pero no me importó, ¡me lo estaba pasando como nunca! La **Fiesta de** la Tomatina es **algo que** todo el mundo debería experimentar al menos una vez en su vida. Cuando el lanzamiento de tomates llegó a su fin, todo el mundo estaba agotado pero feliz. Nos ayudamos mutuamente a limpiar, limpiando las calles y a los demás. Y entonces llegó la hora de la fiesta. El resto del día se llenó de música, baile y celebración. Fue una **experiencia** increíble que nunca olvidaré. Me desperté temprano el día del festival, con el corazón palpitando de emoción. Estaba impaciente por empezar. Después de un rápido desayuno, me dirigí al centro de la ciudad, donde tenía lugar toda la acción. Las calles ya estaban llenas de gente y el aire estaba cargado de expectación. Precisamente a las 11 de la mañana se lanzó el primer tomate. Y a partir de ese momento, el caos fue **total.** Un tomate tras otro voló por los aires mientras **todos** luchaban por conseguir su parte.

Fue divertidísimo, caótico y muy divertido. Nunca me había reído tanto en mi vida. Al final, agotados de tanto lanzar (y ser lanzados), **nos** dimos por vencidos y volvimos a nuestros hoteles para un merecido descanso. Pero no sin antes hacer planes para volver el año que viene, ¡más grande y mejor que nunca! Todavía no puedo creer que esté aquí, en el Festival de la Tomatina. Es **algo que** siempre he querido **experimentar,** y ahora por fin tengo la oportunidad.

Ma non mi importava: mi stavo divertendo da matti! La **Festa** della Tomatina è sicuramente **qualcosa che** tutti dovrebbero sperimentare almeno una volta nella vita. Quando il lancio dei pomodori si è concluso, tutti erano esausti ma felici. Ci siamo aiutati a vicenda a ripulire le strade e a lavarci a vicenda. E poi è arrivato il momento di fare festa! Il resto della giornata è stato pieno di musica, balli e festeggiamenti. È stata un'**esperienza** incredibile che non dimenticherò mai. Il giorno del festival mi sono svegliata presto, con il cuore che batteva forte per l'eccitazione. Non vedevo l'ora di iniziare! Dopo una rapida colazione, mi sono diretta verso il centro della città, dove si svolgeva tutta l'azione. Le strade erano già piene di gente e l'aria era densa di aspettative. Alle 11 precise è stato lanciato il primo pomodoro. E poi il caos **più totale**! Pomodori su pomodori volavano in aria mentre **tutti** lottavano per avere la loro parte.

È stato esilarante, caotico e molto divertente! Non avevo mai riso così tanto in vita mia. Alla fine, esausti per tutti i lanci (e per essere stati lanciati), abbiamo smesso e siamo tornati ai nostri hotel per un meritato riposo. Ma non prima di aver deciso di tornare l'anno prossimo, più grande e più bello che mai! Non riesco ancora a credere di essere qui, al Festival La Tomatina! È **qualcosa che ho** sempre voluto **sperimentare** e ora finalmente ne ho la possibilità.

Preguntas de comprensión

1. ¿Qué es la Fiesta de la Tomatina?

2. ¿Cuándo se celebra la Fiesta de la Tomatina?

3. ¿Qué hacen los participantes en la Fiesta de la Tomatina?

4. ¿Cómo se sentía el autor antes de vivir la Fiesta de la Tomatina?

5. ¿Cómo se sintió el autor después de vivir la Fiesta de la Tomatina?

6. ¿Cuál fue la parte favorita del autor de la Fiesta de la Tomatina?

7. ¿Qué fue lo más difícil de la Fiesta de la Tomatina?

8. ¿Recomendaría el autor la Fiesta de la Tomatina a otras personas?

9. ¿Cuáles son los planes del autor para el futuro?

10. ¿Cómo es la Fiesta de la Tomatina?

Domande di comprensione

1. Che cos'è la Sagra della Tomatina?

2. Quando si svolge la Sagra della Tomatina?

3. Cosa fanno i partecipanti alla Sagra della Tomatina?

4. Come si sentiva l'autore prima di vivere la Festa della Tomatina?

5. Come si è sentito l'autore dopo aver vissuto la Festa della Tomatina?

6. Qual è stata la parte che l'autore ha preferito della Festa della Tomatina?

7. Qual è stata la parte più difficile del La Tomatina Festival?

8. L'autore consiglierebbe la Sagra della Tomatina ad altri?

9. Quali sono i progetti dell'autore per il futuro?

10. Come si svolge la Sagra della Tomatina?

Encierro

Los encierros son un acontecimiento anual que se celebra en Pamplona, España. Cada año, **cientos** de personas de todo el mundo acuden a Pamplona para participar en los festejos. El evento dura nueve días y culmina con un encierro por las calles de Pamplona. Durante la mayor parte del año, Pamplona es una ciudad española aletargada, pero durante los encierros cobra vida. Las **calles** se llenan de gente de todas las clases sociales, todos allí para vivir una experiencia única. Muchos de los participantes llevan la ropa **tradicional** española, mientras que otros se disfrazan de forma extravagante. Algunos incluso se pintan el cuerpo con sangre de toro. Nada más comenzar la fiesta, se respira una sensación de **excitación en el** aire. Todo el mundo sabe que, en cualquier momento, un toro puede bajar a toda velocidad por una de las **estrechas** calles de Pamplona.

Pero también saben que esto es parte de lo que hace que el **encierro sea** tan emocionante. **Los espectadores se alinean a** lo largo del recorrido, animando y agitando banderas mientras esperan la aparición de los toros. A las 8 de la mañana se sueltan los toros y comienza la carrera. Inmediatamente, las calles se llenan de gente que corre por su vida.

Corsa dei tori

La Corsa dei Tori è un evento annuale che si svolge a Pamplona, in Spagna. Ogni anno, **centinaia di** persone provenienti da tutto il mondo si recano a Pamplona per partecipare ai festeggiamenti. L'evento dura nove giorni e culmina con una corsa dei tori per le strade di Pamplona. Per la maggior parte dell'anno, Pamplona è una sonnolenta cittadina spagnola, ma durante la Corsa dei Tori si anima. Le **strade** si riempiono di persone di ogni estrazione sociale, tutte lì per vivere un'esperienza unica. Molti partecipanti indossano abiti **tradizionali** spagnoli, mentre altri si travestono con costumi scandalosi. Alcuni si dipingono addirittura il corpo con il sangue di toro! Non appena il festival ha inizio, si respira un senso di **eccitazione** nell'aria. Tutti sanno che, da un momento all'altro, un toro potrebbe arrivare in una delle **strette** strade di Pamplona.

Ma sanno anche che questo fa parte di ciò che rende la **Corsa** dei Tori così emozionante. I **curiosi si** allineano lungo il percorso, applaudendo e sventolando bandiere in attesa della comparsa dei tori. I tori vengono liberati alle 8 in punto e la corsa ha inizio. Immediatamente le strade si riempiono di persone che corrono per salvarsi. I tori si lanciano alla carica attraverso le strade strette, travolgendo chiunque si metta sulla loro strada.

Los toros cargan a través de las estrechas calles, derribando a cualquiera que se interponga en su camino. El aire está lleno de polvo y el sonido de los cascos golpeando **el pavimento**. Algunos participantes intentan dejar atrás a los toros, mientras que otros simplemente intentan apartarse de su camino. No es raro que la gente sea **pisoteada** o corneada por los toros durante el encierro. De hecho, se considera parte de la diversión. Muchos corredores llevan pañuelos rojos alrededor del cuello, ya que creen que les protegerá de ser heridos por un toro. Los toros son finalmente acorralados al final del recorrido, y los corredores respiran aliviados. Han superado otro encierro. Ahora, es el momento de **celebrarlo**.

Las calles están llenas de gente bailando, cantando y bebiendo. El ambiente es electrizante y todo el mundo está muy animado. Ha sido un festival **exitoso** y todo el mundo está deseando que llegue la edición del año que viene. A la mañana siguiente, las calles están vacías y tranquilas. Es difícil creer que hace apenas 24 horas estaban llenas de gente corriendo por sus vidas. Ahora, sólo **quedan** algunos pañuelos rojos dispersos y algunas flores pisoteadas. Los toros hace tiempo que han vuelto a sus corrales y la fiesta ha terminado. Pero el recuerdo del encierro de este año permanecerá en la memoria de los **participantes** durante años. Para algunos, el encierro es una experiencia única en la vida. Pero para otros, es una tradición anual.

L'aria è densa di polvere e del rumore degli zoccoli che battono sul **selciato**. Alcuni partecipanti cercano di superare i tori, mentre altri cercano semplicemente di non intralciarli. Non è raro che le persone vengano **calpestate** o incornate dai tori durante la corsa. Anzi, è considerato parte del divertimento! Molti corridori indossano una sciarpa rossa al collo, perché credono che li protegga da eventuali danni causati da un toro. Alla fine del percorso i tori vengono finalmente radunati e i corridori tirano un sospiro di sollievo. Hanno superato un'altra Corsa dei Tori! Ora è il momento di **festeggiare**.

Le strade sono piene di gente che balla, canta e beve. L'atmosfera è elettrica e tutti sono di buon umore. È stato un festival **di successo** e tutti non vedono l'ora che arrivi l'anno prossimo. La mattina dopo, le strade erano vuote e silenziose. È difficile credere che solo 24 ore prima fossero piene di persone che correvano per salvarsi la vita. Ora, tutto ciò che **rimane** sono alcune sciarpe rosse sparse e alcuni fiori calpestati. I tori sono tornati da tempo nei loro recinti e la festa è finita. Ma il ricordo della Corsa dei Tori di quest'anno rimarrà con chi **vi** ha **partecipato** per gli anni a venire. Per alcuni, la Corsa dei Tori è un'esperienza unica nella vita. Ma per altri è una tradizione annuale.

Preguntas de comprensión

1. ¿Qué es el encierro?

2. ¿Cuándo tiene lugar el evento?

3. ¿Cuántos días dura el evento?

4. ¿Cuál es la culminación del evento?

5. ¿Cómo es Pamplona durante la mayor parte del año?

6. ¿Cuántos participantes se visten para el evento?

7. ¿Cómo es el ambiente cuando comienza el festival?

8. ¿Qué ocurre con los participantes que se interponen en el camino de los toros?

9. ¿Cuál es el significado de los pañuelos rojos?

10. ¿Por qué hay gente que vuelve a los encierros?

Domande di comprensione

1. Che cos'è la Corsa dei Tori?

2. Quando si svolge l'evento?

3. Quanti giorni dura l'evento?

4. Qual è il culmine dell'evento?

5. Com'è Pamplona per la maggior parte dell'anno?

6. Come si vestono i partecipanti all'evento?

7. Qual è l'atmosfera che si respira all'inizio del festival?

8. Cosa succede ai partecipanti che ostacolano i tori?

9. Qual è il significato delle sciarpe rosse?

10. Perché alcune persone continuano a tornare alla Corsa dei Tori?

La Fiesta de San Fermín

La "Fiesta de San Fermín" es una tradición muy arraigada en la pequeña ciudad de Pamplona (España). Cada año, el 6 de julio, la ciudad se llena de música, baile y **jolgorio**. La fiesta dura nueve días y **culmina** con el encierro del 14 de julio. Para muchos lugareños y visitantes, la Fiesta de San Fermín es el punto culminante del **verano**. Este ao no fue diferente a los dems, ya que los preparativos para la fiesta comenzaron con semanas de antelacin. Las calles se limpiaron y se decoraron con pancartas y serpentinas de colores. Los comerciantes colgaron carteles **que proclamaban** "¡Viva San Fermín!" en sus escaparates. Y dondequiera que se mirara, se respiraba emoción en el aire. El 6 de julio, **exactamente a** las 12:00 horas, las fiestas comenzaron oficialmente con un estallido. El sonido de los fuegos artificiales resonaba en las calles mientras todos animaban y bailaban alrededor de la Plaza del Castillo. La fiesta había comenzado. Durante nueve días seguidos, Pamplona se llenó de risas y buen humor día y noche. Nunca hubo un momento de aburrimiento, ya que siempre había **algo** que hacer o ver, desde conciertos en directo hasta corridas de toros o bailes tradicionales como el flamenco o las sevillanas.

La Fiesta de San Fermín

La "Fiesta de San Fermn" è una tradizione antica della piccola città di Pamplona, in Spagna. Ogni anno, il 6 luglio, la città si anima con musica, balli e **baldoria**. La festa dura nove giorni e **culmina** con la Corsa dei Tori il 14 luglio. Per molti abitanti e visitatori, la Fiesta de San Fermn è il momento clou dell'**estate**. Quest'anno non è stato diverso dagli altri, poiché i preparativi per la festa sono iniziati con settimane di anticipo. Le strade sono state pulite e decorate con striscioni e festoni colorati. I negozianti hanno appeso alle loro vetrine cartelli **con la scritta** "Viva San Fermn!". E ovunque si guardasse, c'era eccitazione nell'aria. Il 6 luglio, a mezzogiorno **in punto**, i festeggiamenti sono ufficialmente iniziati con il botto! Il suono dei fuochi d'artificio riecheggiava per le strade, mentre tutti applaudivano e ballavano in Plaza del Castillo. La festa era iniziata! Per nove giorni di fila, Pamplona si è riempita di risate e buonumore giorno e notte. Non c'era mai un momento di noia, perché c'era sempre **qualcosa** da fare o da vedere, dai concerti dal vivo alle corride, alle danze tradizionali come il flamenco o le sevillanas.

Gli spettatori si riversavano spesso nelle strade per assistere (e talvolta partecipare) a questi spettacoli

Los curiosos solían salir a la calle para ver (y a veces participar) en estas actuaciones improvisadas que **se sucedían por toda** la ciudad. Una mañana durante la fiesta, María Elena se levantó temprano para adelantarse a sus tareas antes de salir a divertirse ese mismo día. Barrió el suelo, quitó el polvo de **las superficies** y lavó la ropa mientras tarareaba en voz baja; no podía evitar sentirse feliz hoy. No era sólo porque fueran Sanfermines -aunque eso ayudaba-, sino también porque **acababa de** ser aceptada en una universidad para estudiar medicina. Sentía que todo en su vida por fin encajaba después de años de lucha. Mientras trabajaba, la mente de María Elena se remontó a la primera vez que llegó a **Pamplona**. María Elena llegó a Pamplona hace cinco años, cuando se escapó de casa a los dieciséis. No pensaba quedarse mucho tiempo, sólo el suficiente para ganar algo de dinero y poder comprar un billete de autobús para ir a **Barcelona**, donde vivía su primo. Pero una vez que María Elena llegó a la pequeña ciudad enclavada en las **montañas de** los Pirineos, se dio cuenta de que tal vez éste podría ser su nuevo hogar.

improvvisati **che si svolgevano in** tutta la città. Una mattina durante la fiesta, Maria Elena si svegliò presto per iniziare le sue faccende domestiche prima di uscire più tardi per divertirsi. Spazzò i pavimenti, spolverò **le superfici** e fece il bucato canticchiando sottovoce; non poteva fare a meno di sentirsi felice oggi. Non era solo perché era Sanfermines - anche se questo certamente aiutava - ma anche perché era stata **recentemente** accettata all'università per studiare medicina. Sembrava che tutto nella sua vita stesse finalmente andando al suo posto dopo anni di lotte. Mentre lavorava, la mente di Maria Elena tornava a quando era arrivata a **Pamplona**. Maria Elena è arrivata a Pamplona cinque anni fa, quando è scappata di casa all'età di sedici anni. Non aveva programmato di rimanere a lungo, ma solo di guadagnare un po' di soldi per poter comprare un biglietto dell'autobus per **Barcellona**, dove viveva suo cugino. Ma quando Maria Elena arrivò in una piccola città incastonata tra le **montagne** dei Pirenei, capì che forse quella poteva essere la sua nuova casa.

Preguntas de comprensión

1. ¿Qué es la Fiesta de San Fermín?

2. ¿Cuándo se celebra la Fiesta de San Fermín?

3. ¿Qué es el encierro?

4. ¿Cuánto dura la Fiesta de San Fermín?

5. ¿Cuál es la historia de María Elena?

6. ¿Qué opina María Elena de la Fiesta de San Fermín?

7. ¿Qué hace María Elena en el trabajo?

8. ¿Cuál es el objetivo de María Elena cuando llega por primera vez a Pamplona?

9. ¿Por qué María Elena decide quedarse en Pamplona?

10. ¿Cuál es la reflexión de María Elena al final de la historia?

Domande di comprensione

1. Che cos'è la Fiesta de San Fermn?

2. Quando si svolge la Fiesta de San Fermn?

3. Che cos'è la Corsa dei Tori?

4. Quanto dura la Fiesta de San Fermn?

5. Qual è la storia di Maria Elena?

6. Cosa pensa Maria Elena della Fiesta de San Fermn?

7. Che lavoro fa Maria Elena?

8. Qual è l'obiettivo di Maria Elena quando arriva a Pamplona?

9. Perché Maria Elena decide di rimanere a Pamplona?

10. Qual è la riflessione di Maria Elena alla fine del racconto?

Semana Santa

Era Semana Santa y toda la ciudad estaba llena de entusiasmo. Las calles estaban **decoradas con** coloridos estandartes y flores, y todo el mundo vestía sus mejores galas. El aire estaba impregnado de olor a incienso y velas, y el sonido de las campanas de la iglesia llenaba el ambiente. María llevaba todo el año esperando la **Semana Santa**. Le encantaba ver las **procesiones de las** estatuas vestidas de forma elaborada por las calles. Ahora que es mayor, le encanta ir a misa en su iglesia local y participar en las festividades. Este año estaba **especialmente** emocionada porque su primo Diego vendría de visita desde Ciudad de México.

Diego llegó el **Jueves Santo** y los dos primos pasaron el día poniéndose al día. Dieron un paseo por la ciudad, admirando las decoraciones y disfrutando del ambiente festivo. El Viernes Santo, asistieron juntos a la misa y luego ayudaron a la madre de María a preparar la comida para la cena de Pascua. A Diego le **impresionó el** trabajo que suponía preparar platos tradicionales como los tamales y el mole poblano. El sábado por la noche, María llevó a Diego a su club favorito. Le sorprendió lo animado que estaba: la música **sonaba**, la gente bailaba por todas partes y no parecía haber

Semana Santa

Era la Semana Santa e tutta la città era in fermento. Le strade erano **addobbate** con striscioni e fiori colorati e tutti erano in giro con i loro abiti migliori. L'aria era densa di odore di incenso e candele e il suono delle campane della chiesa riempiva l'aria. Maria aveva atteso la **Semana** Santa per tutto l'anno. Le piaceva guardare le **processioni** di statue vestite in modo elaborato per le strade. Ora che era più grande, le piaceva assistere alla messa nella sua chiesa locale e partecipare ai festeggiamenti. Quest'anno era **particolarmente** eccitata perché suo cugino Diego sarebbe venuto in visita da Città del Messico.

Diego è arrivato il **Giovedì** Santo e i due cugini hanno trascorso la giornata in compagnia. Fecero una passeggiata in città, ammirando le decorazioni e cogliendo l'atmosfera di festa. Il Venerdì Santo hanno partecipato insieme alla Messa e poi hanno aiutato la madre di Maria a preparare il cibo per la cena di Pasqua. Diego è rimasto **impressionato** dalla quantità di lavoro necessario per preparare piatti tradizionali come i tamales e il mole poblano. Il sabato sera Maria ha portato Diego nel suo locale preferito. È rimasto stupito da quanto fosse vivace: c'era musica, la gente ballava ovunque e sembrava che non ci fosse nessuna

ninguna preocupación en el mundo. Era un fuerte **contraste** con el ambiente sombrío de principios de semana. Después, volvieron a casa cogidos del brazo bajo las estrellas, riendo y bromeando todo el camino hasta la casa de María. El domingo de Pascua **amaneció** muy temprano.

María y Diego se despertaron temprano para asistir a la misa antes de disfrutar de un banquete con los miembros de su familia que habían venido de toda la ciudad para la cena de **Pascua**. Después de la comida, se sentaron todos a charlar y a tomar café. Los adultos recordaban sus propias Semanas Santas **de la infancia** mientras Diego escuchaba con entusiasmo, queriendo empaparse lo más posible de su cultura durante su visita. Al anochecer, Diego se despidió del feliz grupo, **prometiendo** volver el año que viene. Dejó a María con una sensación de calidez en su corazón que perduró mucho tiempo después de su partida.
Un año más, la Semana Santa estaba a la vuelta de la esquina. María se moría de ganas de volver a ver a Diego, pues le parecía una eternidad desde que había vuelto a casa. Pasó los días previos a la llegada de su marido limpiando la casa de arriba a **abajo** y preparando todos sus platos favoritos. El Jueves Santo, Diego llegó con un gran abrazo para su primo. Se pusieron al día de todo lo que había pasado en la vida de cada uno durante el último año mientras paseaban por el pueblo admirando la **decoración**.

preoccupazione al mondo. Era un netto **contrasto** con l'atmosfera cupa dell'inizio della settimana. Dopo, tornarono a casa a braccetto sotto le stelle, ridendo e scherzando fino a casa di Maria. La domenica di Pasqua **sorse** presto e con grande gioia.

Maria e Diego si sono svegliati presto per partecipare alla messa, prima di festeggiare con i loro familiari, venuti da tutta la città per la cena **di Pasqua.** Dopo il pranzo, tutti si sono seduti a chiacchierare e a bere caffè. Gli adulti ricordavano le loro Semana Babbo Natale **d'infanzia**, mentre Diego ascoltava avidamente, desideroso di assorbire quanto più possibile della sua cultura durante la visita. Al calar del sole, Diego si è congedato dall'allegro gruppo, **promettendo** di tornare l'anno prossimo. Lasciò Maria con un senso di calore nel cuore che rimase a lungo dopo la sua partenza. Era un altro anno e la Semana Santa era alle porte. Maria non vedeva l'ora di rivedere Diego: le sembrava un'eternità da quando era tornato a casa. Trascorse i giorni precedenti all'arrivo **del marito** pulendo la casa da cima a **fondo** e preparando tutti i suoi piatti preferiti. Il Giovedì Santo, Diego arrivò con un grande abbraccio per la cugina. Si raccontarono tutto quello che era successo nelle loro vite nell'ultimo anno, mentre passeggiavano per la città ammirando le **decorazioni**.

Preguntas de comprensión

1. ¿Qué es la Semana Santa?

2. ¿Con qué se decoran las calles durante la Semana Santa?

3. ¿Qué hace María el Viernes Santo?

4. ¿Cuál es la reacción de Diego ante el club favorito de María?

5. ¿Qué piensa Diego de su familia?

6. ¿Qué se celebra en Semana Santa?

7. ¿Cuánto tiempo lleva Diego fuera de casa?

8. ¿Qué hace María para preparar la visita de Diego?

9. ¿Quién acompaña a Diego al club favorito de María el sábado por la noche?

Domande di comprensione

1. Che cos'è la Semana Santa?

2. Con che cosa vengono decorate le strade durante la Semana Santa?

3. Cosa fa Maria il Venerdì Santo?

4. Qual è la reazione di Diego al club preferito di Maria?

5. Cosa pensa Diego della sua famiglia?

6. Che cosa si festeggia con la Semana Santa?

7. Da quanto tempo Diego è lontano da casa?

8. Cosa fa Maria per prepararsi alla visita di Diego?

9. Chi accompagna Diego nel locale preferito di Maria il sabato sera?

El día de los Reyes Magos

Era la noche de El Da de los Reyes Magos, y en toda España, los niños **esperaban** ansiosos la llegada de los Reyes Magos. En un pequeño **pueblo** de Andalucía, un niño llamado Pablo estaba especialmente emocionado. Había dejado un zapato para cada rey, lleno de heno para sus camellos y de caramelos para que los disfrutaran. **La madre** de Pablo le había dicho que si se acostaba temprano, los **reyes** vendrían mientras él dormía y le traerían **regalos**. Así que Pablo rezó sus oraciones y se acostó, deseoso de despertarse para encontrar los tesoros que le habían traído. A la mañana siguiente, cuando se despertó, había tres regalos bellamente envueltos **junto a** su cama, ¡uno para cada rey!

Alborozado por su buena suerte, Pablo los abrió enseguida... Dentro del primer regalo había un exquisito **collar de** oro; dentro del segundo, un flamante juego de pinturas; pero dentro del tercer regalo había algo aún más especial: ¡un llavero con tres llaves! Deben ser llaves mágicas, pensó Pablo **emocionado**, ¡justo lo que necesitaba para abrir las puertas de la aventura! Agradeciendo profusamente a los Reyes Magos en

Il giorno dei Reyes Magos

Era la notte di El Da de los Reyes Magos e in tutta la Spagna i bambini **aspettavano** con ansia l'arrivo dei Re Magi. In un piccolo **villaggio** dell'Andalusia, un bambino di nome Pablo era particolarmente eccitato. Aveva lasciato una scarpa per ogni re, piena di fieno per i loro cammelli e di dolci da gustare. La **madre** di Pablo gli aveva detto che se fosse andato a letto presto, i **re** sarebbero venuti mentre lui dormiva e gli avrebbero portato **dei regali**. Così Pablo disse le sue preghiere e andò a letto, desideroso di svegliarsi per scoprire quali tesori gli avessero portato. Quando si svegliò la mattina dopo, **accanto al** suo letto c'erano tre bellissimi regali incartati, uno per ogni re!

Felicissimo della sua fortuna, Pablo li aprì subito... Nel primo regalo c'era una splendida **collana** d'oro; nel secondo un set di colori nuovo di zecca; ma nel terzo c'era qualcosa di ancora più speciale: un portachiavi con tre chiavi! Devono essere chiavi magiche, pensò Pablo **entusiasta**, proprio quello che gli serviva per aprire le porte dell'avventura! Ringraziando sentitamente i Re Magi, Pablo corse fuori per iniziare l'esplorazione. La prima tappa di Pablo fu il vecchio mulino abbandonato alla **periferia del** villaggio. Era

su cabeza, Pablo salió corriendo para empezar a explorar. La primera parada de Pablo fue el viejo molino abandonado en **las afueras** del pueblo. Siempre había sentido curiosidad por lo que había dentro, ¡y ahora tenía la **oportunidad perfecta** para averiguarlo! Introdujo la llave número uno en la cerradura y la giró... pero no pasó nada. **Decepcionado**, Pablo probó con la llave número dos, pero tampoco funcionó.

Justo cuando estaba a punto de darse por vencido, oyó un débil clic de la llave número tres: ¡éxito! La puerta se abrió con un chirrido y Pablo entró con cautela. Estaba muy oscuro y polvoriento, pero sus ojos pronto se adaptaron a la falta de luz. Lo que vio le hizo dar un grito de asombro: ¡había montones de monedas de oro **apiladas** a su alrededor! Parecía que alguien había escondido su tesoro aquí hace mucho tiempo y se había olvidado de él hasta ahora. **Temblando** de emoción, Pablo recogió todas las monedas que pudo cargar y corrió a su casa para mostrarle a su madre su increíble descubrimiento. La madre de Pablo se quedó tan sorprendida como él cuando vio las monedas de oro.

sempre stato curioso di sapere cosa ci fosse all'interno e ora aveva l'**occasione** perfetta per scoprirlo! Inserì la chiave numero uno nella serratura e la girò... ma non successe nulla. **Deluso**, Pablo provò la chiave numero due, ma non funzionò nemmeno quella.

Proprio quando stava per arrendersi, sentì un lieve scatto del tasto numero tre: successo! La porta si aprì cigolando e Pablo entrò con cautela. Lì dentro era molto buio e polveroso, ma i suoi occhi si adattarono presto alla mancanza di luce. Ciò che vide lo fece sussultare per lo stupore: pile di monete d'oro erano **accatastate** intorno a lui! Sembrava che qualcuno avesse nascosto qui il suo tesoro molto tempo prima e se ne fosse dimenticato fino a quel momento. **Tremando** per l'eccitazione, Pablo raccolse tutte le monete che poteva portare con sé e corse a casa per mostrare alla madre la sua incredibile scoperta. La madre di Pablo rimase stupita quanto lui quando vide le monete d'oro.

Preguntas de comprensión

1. ¿Qué es el Día de los Reyes Magos?

2. ¿Qué hizo Pablo en el Día de los Reyes Magos?

3. ¿Qué le dijo la madre de Pablo?

4. ¿Qué encontró Pablo cuando se despertó a la mañana siguiente?

5. ¿Qué pensó Pablo de las llaves?

6. ¿Qué hizo Pablo con las llaves?

7. ¿Qué encontró Pablo cuando usó las llaves?

8. ¿Cómo reaccionaron Pablo y su madre ante el descubrimiento?

9. ¿Qué le ocurrió a Pablo y a su familia a raíz del descubrimiento?

10. ¿Qué hace Pablo cada año en el Día de los Reyes Magos?

Domande di comprensione

1. Che cos'è il Dia de los Reyes Magos?

2. Che cosa ha fatto Pablo nel giorno dei Reyes Magos?

3. Cosa gli ha detto la madre di Pablo?

4. Cosa trovò Pablo al suo risveglio la mattina dopo?

5. Cosa pensava Pablo delle chiavi?

6. Cosa ha fatto Pablo con le chiavi?

7. Cosa ha trovato Pablo quando ha usato le chiavi?

8. Come reagirono Pablo e sua madre alla scoperta?

9. Cosa è successo a Pablo e alla sua famiglia in seguito alla scoperta?

10. Che cosa fa Pablo ogni anno nel giorno dei Reyes Magos?

Procesión de Semana Santa

El sol empezaba a asomar por el horizonte cuando las primeras personas comenzaron a reunirse en la plaza. El parloteo y las **risas** de los que la rodeaban deberían haber sido reconfortantes, pero lo único que hicieron fue que Ana se sintiera más nerviosa. No era propio de ella estar tan nerviosa, pero esto era diferente. Esto era especial. Esta mañana iba a participar por primera vez en la procesión de Semana Santa. Antes siempre la había visto desde la barrera, pero ahora sería una de las **participantes**. Era un gran honor que le habían **concedido** los ancianos de su pueblo, y no quería defraudarlos. A medida que la gente entraba en la plaza, Ana sentía que el corazón se le **aceleraba** en el pecho. Intentó respirar profundamente para calmarse, pero no pareció ayudar mucho.

Finalmente, cuando faltaban pocos minutos para **que se pusieran** en marcha, le vio llegar. Pablo siempre había sido amable con ella desde que eran niños y se habían criado juntos en ese pequeño pueblo español enclavado entre montañas y valles. Le dedicó una sonrisa tranquilizadora mientras se colocaba a su lado en la fila y le dio un suave apretón de manos.

Processione di Pasqua

Il sole stava appena iniziando a fare capolino all'orizzonte quando le prime persone iniziarono a radunarsi nella piazza. Il chiacchiericcio e le **risate** di coloro che la circondavano avrebbero dovuto essere di conforto, ma non fecero altro che far sentire Ana ancora più nervosa. Non era da lei essere così nervosa, ma questo era diverso. Era una cosa speciale. Questa mattina avrebbe partecipato per la prima volta alla processione di Pasqua. Prima l'aveva sempre osservata in disparte, ma ora sarebbe stata una dei **partecipanti**. Era un grande onore che le era stato **concesso** dagli anziani del suo villaggio e non voleva deluderli. Mentre sempre più persone entravano nella piazza, Ana sentiva il cuore accelerare sempre più nel petto. Cercò di fare dei respiri profondi per calmarsi, ma non sembrò servire a molto.

Finalmente, quando mancavano pochi minuti all'inizio **del** trasferimento, lo vide arrivare. Pablo era sempre stato gentile con lei fin da quando erano bambini, cresciuti insieme in quel piccolo villaggio **spagnolo** incastonato tra montagne e valli. Le rivolse un sorriso rassicurante mentre prendeva posto accanto a lei nella

Ese **simple** gesto hizo que todos los nervios de Ana **desaparecieran** al instante, y sintió que se relajaba por primera vez en todo el día. Con Pablo a su lado, sabía que todo iría bien. La procesión comenzó con el sonido de una trompeta que tocaba una melodía sombría. Lentamente, todos empezaron a avanzar, abriéndose paso **por las** calles llenas de gente que había salido a ver.

Algunos aplaudían y vitoreaban, mientras que otros permanecían en silencio con miradas de reverencia en sus rostros. Ana sintió que sus propias emociones se **agolpaban** al pensar en lo que representaba este día. Era un día de renacimiento y esperanza, un momento en el que todos podrían empezar de nuevo. El peso de la responsabilidad que había sentido durante toda la mañana pareció desaparecer de sus hombros mientras **caminaba** con confianza junto a Pablo. Sabía que, pasara lo que pasara, él siempre estaría a su lado. Al doblar la última esquina de la **plaza** donde se encontraba la iglesia, Ana vio a su familia de pie a un lado saludándola. Su madre y su padre tenían lágrimas en los ojos, **pero** sonreían ampliamente.

fila e le allungò la mano per stringerla dolcemente. Quel **semplice** gesto fece **sparire** all'istante tutti i nervi di Ana, che si sentì rilassata per quella che sembrava la prima volta in tutta la giornata. Con Pablo al suo fianco, sapeva che tutto sarebbe andato bene. La processione iniziò con il suono di una tromba che suonava una melodia cupa. Lentamente, tutti cominciarono ad avanzare, facendosi strada **tra le** strade fiancheggiate dalle persone che erano uscite per assistere.

Alcuni **applaudivano** e applaudivano, mentre altri stavano in silenzio con uno sguardo di riverenza sul volto. Ana sentì le sue stesse emozioni **salire** mentre pensava a ciò che quel giorno rappresentava. Era un giorno di rinascita e di speranza, un momento in cui tutti avrebbero potuto ricominciare. Il peso della responsabilità che aveva sentito per tutta la mattina sembrò sollevarsi dalle sue spalle mentre **camminava** fiduciosa accanto a Pablo. Sapeva che, qualunque cosa fosse accaduta, lui sarebbe sempre stato al suo fianco. Quando girarono l'ultimo angolo della **piazza** dove si trovava la chiesa, Ana vide la sua famiglia in piedi di lato che la salutava. Sia la madre che il padre avevano le lacrime agli occhi, ma sorridevano **ugualmente**.

Preguntas de comprensión

1. ¿Qué representa la procesión de Semana Santa?

2. ¿Cómo se siente Ana al participar en la procesión?

3. ¿Quién es Pablo?

4. ¿Cómo cambia el estado de ánimo de Ana cuando ve a Pablo?

5. ¿Qué significa el toque de la trompeta?

6. ¿Cómo reaccionan los espectadores ante la procesión?

7. ¿Qué emociones siente Ana durante la procesión?

8. ¿Qué significa que la familia de Ana esté en la iglesia?

9. ¿Cómo se reúne el pueblo durante la Semana Santa?

10. ¿Cuál es la opinión general de Ana sobre su pueblo?

Domande di comprensione

1. Cosa rappresenta la processione pasquale?

2. Come si sente Ana a partecipare alla processione?

3. Chi è Pablo?

4. Come cambia l'umore di Ana quando vede Pablo?

5. Che cosa significa il suono della tromba?

6. Come reagiscono gli spettatori alla processione?

7. Quali emozioni prova Ana durante la processione?

8. Qual è il significato della presenza della famiglia di Ana in chiesa?

9. Come si riunisce il villaggio durante la Pasqua?

10. Qual è l'opinione generale di Ana sul suo villaggio?

El Canto del Gallo

El canto del gallo era el primer sonido del día. Siempre era tan puntual, como si se hubiera puesto un despertador. El sol aún no había salido, pero el cielo empezaba a **clarear**. Por toda la granja, los animales se movían y **se** preparaban para otro día. El gallo se pavoneaba por el corral, ladeando la cabeza y mostrándose orgulloso. Sabía que era el **responsable** de empezar cada nuevo día. Le encantaba su trabajo y se sentía muy orgulloso de él. De repente, se oyó un fuerte golpe. El gallo miró y vio que una de las puertas del granero se había abierto con el viento. ¡Oh, oh! Eso significaba que todos los animales podrían salir si él no hacía **algo** rápido. El gallo corrió hacia la puerta abierta y trató de cerrarla, pero era demasiado pesada. Pidió ayuda, pero no **parecía haber** nadie cerca. En ese momento, vio a una gallina que pasaba por allí. "¡Ayúdame!", gritó.

"¡Los animales saldrán todos si no cerramos esta puerta!" La gallina corrió hacia allí, y **juntos** pudieron finalmente empujar la puerta para cerrarla. ¡Uf! ¡Ha estado cerca! El gallo respiró aliviado y agradeció a la gallina su ayuda. Cuando empezó a salir el sol, la granja se llenó de actividad. Todos los **animales** estaban ocupados en sus tareas cotidianas. Las

Il Canto del Gallo

Il canto del gallo era il primo suono della giornata. Era sempre così puntuale, come se avesse messo una sveglia per sé. Il sole non era ancora sorto, ma il cielo cominciava a **schiarirsi**. In tutta la fattoria, gli animali si agitavano e si preparavano per un'altra giornata. Il gallo si pavoneggiava per l'aia, alzando la testa e guardando con orgoglio. Sapeva di essere **responsabile** dell'inizio di ogni nuovo giorno. Amava il suo lavoro e ne era molto orgoglioso. All'improvviso, si udì un forte schianto! Il gallo si voltò per vedere che una delle porte del fienile si era aperta a causa del vento. Oh, oh! Questo significava che tutti gli animali sarebbero potuti uscire se non avesse fatto **qualcosa** in fretta! Il gallo corse verso la porta aperta del fienile e cercò di chiuderla, ma era troppo pesante. Chiamò aiuto, ma **sembrava che** non ci fosse nessuno. Proprio in quel momento vide una gallina che passava. "Aiutami!", gridò.

"Gli animali usciranno tutti se non chiudiamo questa porta!". La gallina accorse e **insieme riuscirono** finalmente a chiudere la porta. Uff! C'è mancato poco! Il gallo tirò un sospiro di sollievo e ringraziò la gallina per il suo aiuto. Quando il sole cominciò a sorgere, la fattoria si animò di attività. Tutti gli **animali** erano impegnati nei loro compiti quotidiani. Le **galline**

gallinas escarbaban en la tierra en busca de insectos, las vacas pastaban en los pastos e incluso los cerdos se bañaban en el barro en su corral. Era otro hermoso día en la granja gracias a El Canto del Gallo. Todos los días, el gallo se despertaba temprano y cantaba para empezar el nuevo día. Era un trabajo que le encantaba y del que se sentía muy orgulloso. Sabía que era el **responsable** de que todos los habitantes de la granja empezaran el día. Y siempre hacía todo lo posible para que fuera bueno.

Un día, el gallo se despertó y vio que ya había salido el sol. Estaba sorprendido. **Nunca** había llegado tarde a su clase. Enseguida **se dio cuenta de que se había** quedado dormido. ¿Qué pensaría todo el mundo? Salió a toda prisa del establo y vio que todos los **animales** estaban ocupados en sus tareas habituales. Nadie parecía darse cuenta de que llegaba tarde. ¡Uf! Estuvo muy cerca. El gallo **aprendió** la lección y, a partir de entonces, siempre ponía un despertador para asegurarse de no volver a quedarse dormido. El gallo siguió cantando todas las mañanas y la granja siguió funcionando sin problemas. Los animales estaban **felices** y sanos, y **todo el mundo** los quería. El Canto del Gallo.

grattavano nella terra in cerca di insetti, le mucche pascolavano nel pascolo e persino i maiali facevano il bagno di fango nel loro recinto. Era un'altra bella giornata alla fattoria, grazie a El Canto del Gallo! Ogni giorno, il gallo si svegliava presto e cantava per dare inizio alla nuova giornata. Era un lavoro che amava e di cui era molto orgoglioso. Sapeva di avere la **responsabilità** di assicurarsi che tutti gli abitanti della fattoria iniziassero la loro giornata. E faceva sempre del suo meglio per assicurarsi che fosse una buona giornata!

Un giorno il gallo si svegliò e scoprì che il sole era già sorto. Era scioccato! **Non era mai arrivato** in ritardo alla lezione. Si **rese** subito **conto** che doveva aver dormito troppo. Oh no! Cosa avrebbero pensato tutti? Si precipitò fuori dalla stalla e vide che tutti gli **animali** erano impegnati a svolgere la loro giornata come al solito. Nessuno sembrava essersi accorto del suo ritardo. Che peccato! È stato un colpo basso! Il gallo **imparò la** lezione e, da quel momento in poi, puntò sempre la sveglia per assicurarsi di non dormire di nuovo troppo! Il gallo continuò a cantare ogni mattina e la fattoria continuò a funzionare senza problemi. Gli animali erano tutti **felici** e in salute e **tutti** li amavano. El Canto del Gallo.

Preguntas de comprensión

1. ¿Por qué el gallo se retrasó un día?

2. ¿Cómo se sentía el gallo en su trabajo?

3. ¿Qué hizo el gallo cuando vio la puerta del granero abierta?

4. ¿Cómo ayudó la gallina al gallo?

5. ¿Qué hacían los animales cuando el gallo se despertó tarde un día?

6. ¿Por qué el gallo empezó a poner el despertador?

7. ¿Cómo reaccionaron los demás animales cuando el gallo se quedó dormido?

8. ¿Cómo se sintió el gallo después de quedarse dormido?

9. ¿Qué lección aprendió el gallo?

Domande di comprensione

1. Perché un giorno il gallo era in ritardo?

2. Cosa pensava il gallo del suo lavoro?

3. Cosa fece il gallo quando vide la porta del fienile aperta?

4. In che modo la gallina ha aiutato il gallo?

5. Cosa stavano facendo gli animali quando un giorno il gallo si svegliò tardi?

6. Perché il gallo ha iniziato a suonare la sveglia?

7. Come hanno reagito gli altri animali quando il gallo ha dormito troppo?

8. Come si è sentito il gallo dopo aver dormito troppo?

9. Quale lezione ha imparato il gallo?

Carnaval de Cádiz

El sol se ponía un día más en Cádiz y en las calles se escuchaba el sonido de la **música** y las risas. Es tiempo de **Carnaval** y todo el mundo está de fiesta. El aire huele a pescado frito y churros, y las calles están decoradas con serpentinas y confeti. Todo el mundo se **vestía** con sus mejores galas, dispuesto a festejar hasta el amanecer. El ambiente era electrizante y la gente bailaba por **las calles al** son de las bandas que tocaban música tradicional **española** en directo. A medida que avanzaba la noche, la fiesta se volvía más salvaje y festiva.

La gente se reía y cantaba a pleno pulmón, y había un sentimiento de alegría en el aire. Las bandas tocaban más fuerte y más rápido mientras la gente bailaba con desenfreno. Las calles se llenan de gente feliz, disfrutando de la mejor noche del año. De repente, se produce un **alboroto** en un extremo de la calle. Un grupo de hombres había empezado a pelearse, y pronto se convirtió en una pelea en toda regla. Se lanzaban **botellas** y se daban **puñetazos a diestro** y siniestro. Parecía que la cosa se iba a poner fea rápidamente. La policía llegó rápidamente para disolver la pelea, pero ya era demasiado tarde. El daño ya estaba hecho, tanto a la propiedad como a la sensación

Carnaval de Cádiz

Il sole stava tramontando in un altro giorno a Cadice e le strade erano animate dal suono della **musica** e delle risate. Era il periodo del **Carnaval** e tutti erano in vena di festeggiamenti. L'aria era densa di odore di pesce fritto e churros, e le strade erano decorate con stelle filanti e coriandoli. Tutti erano **vestiti con i** loro abiti migliori, pronti a festeggiare fino all'alba. L'atmosfera era elettrica, mentre la gente ballava per le **strade** al suono di gruppi musicali dal vivo che suonavano musica tradizionale **spagnola**. Con il passare della notte, la festa è diventata sempre più selvaggia e festosa.

La gente rideva e cantava a squarciagola e nell'aria si respirava una sensazione di gioia. Le bande suonavano sempre più forte e veloce, mentre la gente ballava con abbandono. Le strade erano piene di gente felice che si godeva la notte più bella dell'anno. All'improvviso, ci fu un **tumulto a** un'estremità della strada. Un gruppo di uomini aveva iniziato a litigare e presto la situazione degenerò in una vera e propria rissa. Venivano lanciate **bottiglie** e **pugni a** destra e a manca. Sembrava che la situazione stesse per degenerare. La polizia arrivò rapidamente per sedare la rissa, ma ormai era troppo tardi. Il danno era stato fatto, sia alle proprietà che al

de seguridad de la gente. El ambiente de la fiesta se había visto alterado por la violencia, y mucha gente empezó a marcharse a casa antes de tiempo. Fue un final **decepcionante** para lo que debería haber sido una noche de diversión para todos. Al día siguiente, las calles estaban tranquilas mientras la gente intentaba recuperarse de los acontecimientos de la noche anterior.

Había un sentimiento de **tristeza en el aire, ya** que mucha gente había estado esperando el Carnaval todo el año. Era el momento de soltarse y divertirse, pero ahora tenían la sensación de que eso les había sido arrebatado. Algunos comercios incluso se **plantearon** no abrir este año para el **Carnaval, por** miedo a que volviera a ocurrir algo como lo de anoche. Pero a pesar de todo, todavía hay quienes se niegan a dejar morir el espíritu del Carnaval. Esta noche volverán a salir a la calle, a bailar y a cantar con las bandas de música tradicional **española**. El espectáculo debe continuar. “Es otra noche de Carnaval en Cádiz, y las calles vuelven a estar llenas de música y risas. A pesar de lo ocurrido anoche, la gente está **decidida** a disfrutar. El ambiente está más apagado que antes, pero sigue habiendo un sentimiento de alegría en el aire. La gente baila y canta al ritmo de las bandas que tocan música **tradicional** española.

senso di sicurezza delle persone. L'atmosfera della festa è stata distrutta dalla violenza e molte persone hanno iniziato a tornare a casa presto. È stata una fine **deludente** per quella che avrebbe dovuto essere una serata divertente per tutti i partecipanti. Il giorno successivo le strade erano tranquille, mentre la gente cercava di riprendersi dagli eventi della notte precedente.

C'era un senso di **tristezza** nell'aria, perché molte persone avevano atteso il Carnaval per tutto l'anno. Era un momento per lasciarsi andare e divertirsi, ma ora sembrava che questo fosse stato portato via. Alcuni esercizi commerciali stavano addirittura **pensando di** non aprire per il **Carnevale** di quest'anno, per paura che potesse accadere di nuovo qualcosa di simile alla notte scorsa. Ma nonostante tutto, c'è ancora chi si rifiuta di far morire lo spirito del Carnaval. Stasera torneranno per le strade, ballando e cantando insieme alle bande che suonano la musica tradizionale **spagnola**. Lo spettacolo deve continuare. "È un'altra notte di Carnaval a Cadice, e le strade sono ancora una volta vive di musica e risate. Nonostante quello che è successo ieri sera, la gente è **determinata** a divertirsi. L'atmosfera è più tranquilla rispetto a prima, ma c'è ancora una sensazione di gioia nell'aria. La gente balla e canta al ritmo delle band che suonano musica **tradizionale** spagnola.

Preguntas de comprensión

1. ¿Cómo es el ambiente en las calles durante el Carnaval?

2. ¿Cómo reacciona la gente cuando se produce una pelea durante las fiestas?

3. ¿Qué significado tiene el Carnaval para los gaditanos?

4. ¿Cómo se siente la gente después de los acontecimientos de la noche anterior?

5. ¿Cómo es el ambiente entre los juerguistas a medida que avanza la noche?

6. ¿Por qué estalló la pelea en primer lugar?

7. ¿Cómo maneja la policía la situación?

8. ¿Cómo se compara la pelea con la de la noche anterior?

9. ¿Qué sugiere la conmoción al final de la calle sobre la determinación de la gente?

Domande di comprensione

1. Che atmosfera si respira per le strade durante il Carnaval?

2. Come reagiscono le persone quando scoppia una rissa durante i festeggiamenti?

3. Qual è il significato del Carnaval per la popolazione di Cadice?

4. Come si sentono le persone dopo gli eventi della notte precedente?

5. Qual è lo stato d'animo dei partecipanti alla serata?

6. Perché è scoppiata la rissa?

7. Come si comporta la polizia?

8. Come si colloca l'incontro rispetto alla rissa della sera precedente?

9. Cosa suggerisce l'agitazione in fondo alla strada sulla determinazione della gente?

La batalla de Nerja

La batalla de Nerja fue un punto de inflexión en la guerra contra los **moros**. También fue una batalla sangrienta y brutal, en la que ambos bandos sufrieron grandes bajas. Los **cristianos** estaban **en inferioridad numérica** y de armamento, pero lucharon con valentía y finalmente salieron victoriosos. Esta victoria les dio el **impulso que** necesitaban para ganar la guerra, y también demostró al pueblo de España que eran capaces de derrotar a los moros. La batalla comenzó temprano en la mañana, con los moros atacando el campamento **cristiano**. Los cristianos fueron tomados por **sorpresa,** pero rápidamente se reanimaron y contraatacaron. Los dos bandos lucharon ferozmente durante horas, sin que ninguno de ellos pudiera obtener ventaja. Al ponerse el sol, parecía que la batalla acabaría en tablas.

Sin embargo, cuando parecía que los **combates** se detendrían por esta noche, un grupo de soldados españoles logró romper las líneas moras. Entraron en el corazón del territorio enemigo y los tomaron por sorpresa. Este repentino ataque cambió el rumbo de la batalla y pronto todos los moros se retiraron o murieron. Los **cristianos** habían obtenido una victoria

La battaglia di Nerja

La battaglia di Nerja fu un punto di svolta nella guerra contro i **Mori**. Fu anche una battaglia sanguinosa e brutale, con pesanti perdite per entrambe le parti. I **cristiani** erano **in inferiorità numerica** e di armi, ma combatterono con coraggio e alla fine uscirono vittoriosi. Questa vittoria diede loro lo **slancio** necessario per vincere la guerra e dimostrò al popolo spagnolo che erano in grado di sconfiggere i Mori. La battaglia iniziò la mattina presto, con i Mori che attaccarono l'accampamento **cristiano**. I cristiani furono colti di **sorpresa**, ma si rialzarono rapidamente e contrattaccarono. Le due parti combatterono ferocemente per ore, senza che nessuno dei due riuscisse a ottenere un vantaggio. Quando il sole cominciò a tramontare, sembrava che la battaglia si sarebbe conclusa con una situazione di stallo.

Tuttavia, proprio quando sembrava che i **combattimenti** si sarebbero fermati per la notte, un gruppo di soldati spagnoli riuscì a sfondare le linee moresche. Si lanciarono nel cuore del territorio nemico e lo colsero di sorpresa. Questo attacco improvviso ribaltò le sorti della battaglia e ben presto tutti i Mori si ritirarono o morirono. I **cristiani** avevano ottenuto

decisiva. Tras la batalla, los soldados españoles fueron aclamados como héroes. Habían demostrado un gran valor y determinación frente a unas probabilidades abrumadoras, y habían ayudado a cambiar el rumbo de la guerra. La Batalla de Nerja fue un punto de inflexión en la historia de España, y es recordada con cariño por los que lucharon en ella. Hoy en día, el lugar de la Batalla de Nerja es un popular destino turístico. Los visitantes pueden ver el campo de batalla en el que los **soldados españoles** lucharon con tanto valor, y también pueden conocer la historia de este importante acontecimiento. La Batalla de Nerja es una parte **importante del** pasado de España, y siempre será recordada por quienes visiten este lugar tan especial. La Batalla de Nerja es una parte **importante de la historia de España, y siempre** será recordada por quienes visiten este lugar tan especial.

La batalla de Nerja fue un punto de **inflexión** en la guerra contra los moros. También fue una batalla sangrienta y brutal, en la que ambos bandos **sufrieron** grandes **bajas**. Los cristianos estaban en inferioridad numérica y de armamento, pero lucharon con valentía y finalmente salieron **victoriosos**. Esta victoria les dio el impulso que necesitaban para ganar la guerra, y también demostró al pueblo de España que eran capaces de derrotar a los moros.

una vittoria **decisiva**! Dopo la battaglia, i soldati **spagnoli** furono acclamati come eroi. Avevano dato prova di grande coraggio e determinazione di fronte alle avversità più forti e avevano contribuito a ribaltare le sorti della guerra. La Battaglia di Nerja fu un punto di svolta nella storia spagnola ed è ricordata con affetto da coloro che vi combatterono. Oggi il sito della Battaglia di Nerja è una popolare destinazione turistica. I visitatori possono vedere il campo di battaglia dove i **soldati** spagnoli combatterono con tanto coraggio e possono anche conoscere la storia di questo importante evento. La Battaglia di Nerja è una parte **importante** del passato della Spagna e sarà sempre ricordata da coloro che visitano questo luogo speciale. La battaglia di Nerja è una parte **importante della** storia spagnola e sarà sempre ricordata da coloro che visiteranno questo luogo speciale.

La battaglia di Nerja fu un punto **di svolta** nella guerra contro i Mori. Fu anche una battaglia sanguinosa e brutale, con pesanti **perdite per** entrambe le parti. I cristiani erano in inferiorità numerica e di armi, ma combatterono con coraggio e alla fine uscirono **vittoriosi**. Questa vittoria diede loro lo slancio necessario per vincere la guerra e dimostrò al popolo spagnolo che erano in grado di sconfiggere i Mori.

Preguntas de comprensión

1. ¿Cuál fue el punto de inflexión en la guerra contra los moros?

2. ¿Qué fue la batalla de Nerja?

3. ¿Quién ganó la batalla?

4. ¿Cuáles fueron las consecuencias de la batalla?

5. ¿Cuál fue la reacción del pueblo español después de la batalla?

6. ¿Cómo se recuerda la Batalla de Nerja?

7. ¿Cuál es la importancia de la batalla de Nerja?

8. ¿Qué ocurrió durante la batalla?

9. ¿Cómo consiguieron los soldados españoles ganar la batalla?

Domande di comprensione

1. Qual è stato il punto di svolta nella guerra contro i Mori?

2. Che cos'è stata la battaglia di Nerja?

3. Chi ha vinto la battaglia?

4. Quali furono le conseguenze della battaglia?

5. Quale fu la reazione del popolo spagnolo dopo la battaglia?

6. Come è stata ricordata la battaglia di Nerja?

7. Qual è il significato della battaglia di Nerja?

8. Cosa è successo durante la battaglia?

9. Come riuscirono i soldati spagnoli a vincere la battaglia?

Fiesta de San Juan

El sol se ponía en la pequeña ciudad de Sant Joan. Las calles estaban vacías, a excepción de algunos rezagados que volvían a casa después de la fiesta del día. En el centro del pueblo, una hoguera arde con fuerza, **rodeada** de gente que baila y canta. Era la **fiesta** de Santa Juana, y todo el mundo estaba de fiesta. Al caer la noche, la fiesta continúa. La gente bebía y bailaba en torno a la hoguera hasta que, cerca de la medianoche, se desplomaba exhausta. Mientras estaban tumbados mirando las estrellas, podían oír las risas y la música de otros pueblos donde se **celebraban fiestas** similares. Fue un momento feliz para todos los que lo celebraron. A la mañana siguiente, el pueblo bullía de actividad. La gente estaba ocupada limpiando el desorden de la noche anterior y preparándose para los eventos del día.

Había un desfile por la ciudad, seguido de más bailes y cantos. A medida que avanzaba el día, la gente empezaba a llegar al pueblo desde todas partes. Venían de cerca y de lejos para participar en los **festejos**. Las calles pronto se llenaron de gente de todas las edades, riendo y disfrutando. El desfile fue un espectáculo de colores, con carrozas adornadas con flores y **serpentinas**. La música era fuerte y

Festa di Sant Joan

Il sole stava tramontando sulla piccola città di Sant Joan. Le strade erano vuote, a parte qualche ritardatario che tornava a casa dopo i festeggiamenti della giornata. Nel centro della città, un falò ardeva luminoso, **circondato** da persone che ballavano e cantavano. Era la **Festa** di Santa Giovanna e tutti erano in vena di festeggiamenti. Al calar della notte, la festa continuò. La gente beveva e ballava intorno al fuoco, finché non crollò esausta verso mezzanotte. Mentre erano sdraiati a **guardare** le stelle, potevano sentire risate e musica lontane provenienti da altre città dove si stavano svolgendo **celebrazioni** simili. Fu un momento felice per tutti coloro che lo **celebrarono**. La mattina dopo, la città era in fermento. La gente era impegnata a ripulire il disordine della sera precedente e a prepararsi per gli eventi della giornata.

Ci sarebbe stata una sfilata per la città, seguita da altri balli e canti. Con il passare del giorno, la gente cominciò ad affluire in città da ogni dove. Venivano da vicino e da lontano per unirsi ai **festeggiamenti**. Le strade si riempirono presto di persone di tutte le età, che ridevano e si divertivano. La parata era uno spettacolo colorato, con carri adornati di fiori e **festoni**. La musica era forte e vivace e faceva muovere i piedi

animada, haciendo que todo el mundo moviera los pies. Al terminar, todos se dirigieron a la hoguera, donde volvieron a bailar hasta bien entrada la noche. El último día del festival, todos se entristecen al ver que llega a su fin. Pero **sabían que se llevarían** muchos **recuerdos felices**. Cuando el sol se puso en Sant Joan, la gente se reunió alrededor de la hoguera por última vez. Cantaron y bailaron hasta quedar exhaustos, y luego volvieron a desplomarse alrededor de la hoguera. Mientras miraban las estrellas, podían oír las risas y la música procedentes de otros **pueblos** donde se **celebraban fiestas** similares. Fue un momento feliz para todos los que lo celebraron".

A la mañana siguiente, la gente empezó a recoger sus cosas y a despedirse de los demás. Prometieron mantenerse en contacto y volver a verse el año que viene en el festival. Al marcharse, miraron al pueblo de Sant Joan con buenos recuerdos. Era un lugar **especial** en el que habían **compartido** muchos momentos felices. Siempre guardarán esos recuerdos. Al año siguiente, la gente volvió a venir de todas partes para celebrar la Fiesta de Sant Joan. Era el momento de **reencontrarse** con viejos amigos y de hacer otros nuevos. La hoguera ardía con fuerza y la música sonaba hasta altas horas de la noche. Bailaron y rieron hasta quedar exhaustos, y luego se desplomaron de nuevo alrededor del fuego.

a tutti. Al termine, tutti si sono diretti verso il falò, dove hanno ballato ancora una volta fino a notte fonda. L'ultimo giorno della festa, tutti erano tristi di vederla finire. Ma **sapevano** che avrebbero avuto molti **ricordi** felici da portare con sé. Mentre il sole tramontava su Sant Joan, le persone si riunirono per l'ultima volta intorno al falò. Hanno cantato e ballato fino allo sfinimento, poi si sono accasciati ancora una volta intorno al fuoco. Mentre guardavano le stelle, potevano sentire le risate e la musica provenienti da altre **città** dove si stavano svolgendo **festeggiamenti** simili. Fu un momento felice per tutti coloro che lo celebrarono".

La mattina dopo, le persone hanno iniziato a fare le valigie e a salutarsi. Si promisero di tenersi in contatto e di incontrarsi di nuovo l'anno prossimo alla festa. Mentre se ne andavano, guardavano alla città di Sant Joan con un bel ricordo. Era un luogo **speciale** dove avevano condiviso molti momenti felici **insieme**. Avrebbero sempre conservato quei ricordi. L'anno **successivo**, la gente venne di nuovo da ogni parte per celebrare la Festa di Sant Joan. Era un momento per **ritrovare i** vecchi amici e farne di nuovi.

Preguntas de comprensión

1. ¿Cuál es el nombre del festival?

2. ¿Cuándo se celebra el festival?

3. ¿Para qué sirve la hoguera?

4. ¿Qué hace la gente en el festival?

5. ¿Cómo es el desfile?

6. ¿Qué hace la gente el último día del festival?

7. ¿Qué recuerdos tiene la gente del festival?

8. ¿Con qué frecuencia se celebra el festival?

9. ¿Qué hace la gente en la hoguera?

10. ¿Qué puedes oír cuando miras a las estrellas?

Domande di comprensione

1. Qual è il nome del festival?

2. Quando si svolge il festival?

3. A cosa serve il falò?

4. Cosa fanno le persone al festival?

5. Come si svolge la parata?

6. Cosa fanno le persone l'ultimo giorno del festival?

7. Quali sono i ricordi della gente sul festival?

8. Con quale frequenza si svolge il festival?

9. Cosa fanno le persone al falò?

10. Cosa si sente quando si guardano le stelle?

En la playa

Después del amanecer, las olas son más fuertes y la arena sobre la marea es blanca. Bajo a la playa, **admirando** el mar y el sol. Mis dedos sienten los surcos de las conchas. La arena está fría en mis dedos. Sonrío y sigo adelante. La marea está alta, así que tengo que tener cuidado para que no me arrastre. Camino por la orilla del agua, admirando el mar. El amanecer es **precioso** y las olas rompen. Me siento muy tranquila. Llego a un lugar donde hay un afloramiento de roca. Me siento y observo las olas. El agua es tan azul y el cielo tan **naranja**. Me siento como en un sueño. Cierro los ojos y sólo escucho las olas. Me siento allí durante mucho tiempo, hasta que oigo que alguien me llama por mi nombre.

Abro los ojos y veo a mi madre caminando hacia mí. Tiene una mirada de preocupación. Sonrío y la saludo con la mano, y se **relaja**. “Me preguntaba adónde habías ido”, dice. “Me alegro de que estés disfrutando de la playa”. Le respondo: “Sí”. “Esto es muy bonito”. “Lo sé”, dice ella. “Yo solía venir aquí todo el tiempo cuando tenía tu edad”. “¿De verdad?” Pregunto. “Sí”, responde. “Es un lugar especial”. “¿Has conocido a alguien especial aquí?” le pregunto. “Sí”, responde con una sonrisa. “A tu padre”. “¿De verdad?” Digo,

In spiaggia

Dopo l'alba, le onde sono più forti e la sabbia sopra la marea è bianca. Cammino verso la spiaggia, **ammirando** il mare e il sole. Le mie dita dei piedi sentono i solchi delle conchiglie. La sabbia è fredda sulle dita dei piedi. Sorrido e continuo a camminare. La marea è alta, quindi devo fare attenzione a non farmi trascinare. Cammino lungo la riva, ammirando il mare. L'alba è **bellissima** e le onde si infrangono. Mi sento così in pace. Arrivo a un punto in cui c'è una roccia affiorante. Mi siedo e guardo le onde. L'acqua è così blu e il cielo è così **arancione**. Mi sembra di essere in un sogno. Chiudo gli occhi e ascolto le onde. Rimasi seduto lì per molto tempo, finché non sentii qualcuno che chiamava il mio nome.

Apro gli occhi e vedo mia madre che viene verso di me. Ha un'espressione preoccupata. Le sorrido e la saluto, e lei **si rilassa**. "Mi chiedevo dove fossi andata", dice. "Sono contenta che ti stia godendo la spiaggia". Io rispondo: "Lo sto facendo". "È così bello qui". "Lo so", dice. "Venivo sempre qui quando avevo la tua età". "Davvero?" Chiedo. "Sì", risponde. "È un posto speciale". "Hai mai incontrato qualcuno di speciale qui?". Le chiedo. "Sì", risponde sorridendo. "Tuo padre". "Davvero?" Dico, **sorpreso**. "Sì", dice

sorprendido. "Sí", dice ella. "Solíamos venir aquí siempre juntos. Es donde nos enamoramos". "Sonrío, **imaginando a** mis padres enamorándose en esta hermosa playa. "Es un lugar especial", repite. "Me alegro de que hayas venido hoy".

Nos quedamos sentados un rato más, **mirando** las olas y la puesta de sol. Luego nos levantamos y volvemos a nuestras toallas de playa. Me tumbo y miro las estrellas. Me siento muy feliz y contenta. Las olas son más fuertes y la arena está fría. El sol se pone y sopla una brisa fresca. Las olas chocan contra la orilla y el aire huele a sal. Es una tarde perfecta para estar en la playa. Estoy caminando por la orilla, **escuchando el** sonido de las olas y viendo la puesta de sol. Veo a un grupo de personas sentadas en la arena, riendo y bromeando. Parece que se lo están pasando muy bien. Me acerco a ellos y les pregunto si puedo unirme a ellos. Me dicen que sí y pasamos el resto de la tarde hablando, riendo y viendo la **puesta de sol**. Es una noche perfecta. El grupo y yo hablamos hasta que se pone el sol. Compartimos anécdotas y bromas, y nos lo pasamos muy bien. Cuando la noche empieza a caer, todos empezamos a sentirnos cansados. Nos **despedimos** con un beso y nos separamos. Vuelvo a mi hotel, feliz y contento. No puedo creer lo bonito que es este lugar. Tengo mucha suerte de haberlo **vivido**.

lei. “Venivamo sempre qui insieme. È qui che ci siamo innamorati. “Sorrido, **immaginando i** miei genitori che si innamorano su questa bellissima spiaggia. “È un posto speciale”, ripete. “Sono felice che siate venuti qui oggi”.

Rimaniamo seduti ancora per un po’ a **guardare** le onde e il tramonto. Poi ci alziamo e torniamo ai nostri teli da mare. Mi sdraio e guardo le stelle. Mi sento così felice e soddisfatta. Le onde ora sono più forti e la sabbia è fredda. Il sole sta tramontando e soffia una brezza fresca. Le onde si infrangono sulla riva e nell’aria si sente l’odore del sale. È una serata perfetta per stare in spiaggia. Cammino lungo la riva, **ascoltando** il suono delle onde e guardando il tramonto. Vedo un gruppo di persone sedute sulla sabbia che ridono e scherzano. Sembra che si stiano divertendo molto. Mi avvicino a loro e chiedo se posso unirmi a loro. Mi rispondono di sì e passiamo il resto della serata a parlare, ridere e guardare il **tramonto**. È una serata perfetta. Io e il gruppo parliamo fino al tramonto. Condividiamo storie e battute e ci divertiamo molto. Quando la notte inizia a calare, cominciamo tutti a sentirci stanchi. Ci **salutiamo** con un bacio e ci separiamo. Torno al mio hotel, felice e soddisfatta. Non riesco a credere a quanto sia bello qui. Sono così fortunata ad averlo **vissuto**.

Preguntas de comprensión

1. ¿Dónde va la narradora después de despertar?

2. ¿Qué admira la narradora mientras camina por la playa?

3. ¿De qué tiene que cuidarse la narradora mientras camina por la playa?

4. ¿Dónde se sienta el narrador para disfrutar de la vista?

5. ¿Cuánto tiempo está el narrador sentado allí?

6. ¿A quién ve la narradora cuando vuelve a abrir los ojos?

7. ¿Qué dice la madre del narrador?

8. ¿De qué hablan la narradora y las personas que conoce?

Domande di comprensione

1. Dove va la narratrice dopo essersi svegliata?

2. Che cosa ammira la narratrice mentre cammina lungo la spiaggia?

3. A che cosa deve fare attenzione la narratrice mentre cammina lungo la spiaggia?

4. Dove si siede il narratore per godersi il panorama?

5. Per quanto tempo il narratore rimane seduto lì?

6. Chi vede la narratrice quando riapre gli occhi?

7. Cosa dice la madre del narratore?

8. Di che cosa parlano il narratore e le persone che incontra?

Acampada en el lago

Camino hacia el lago, **admirando la** tranquilidad de la escena. El sol pega en el pequeño lago, haciendo que el agua parezca una lámina de cristal. El único movimiento es el de los peces que **rompen** la superficie. Incluso los pájaros parecen descansar del calor, y sólo el sonido de las cigarras llena el aire. **De repente, la** paz se rompe con un fuerte chapoteo. Un gran **pez** ha saltado fuera del agua, intentando atrapar una libélula. El pez no alcanza su objetivo y cae de nuevo al agua con un chapoteo. "¡Vaya!", pienso para mis adentros, "¡ese era un pez grande!". Miro a mi alrededor para ver si alguien más lo ha visto, pero no hay nadie. Supongo que tendré que contarlo cuando vuelva al campamento.

El calor es **agobiante** y dificulta la respiración. El aire es espeso y pesado, como una manta que te envuelve. El único alivio es el agua. Es fresca y refrescante, como una bebida fría en un día caluroso. Respiro profundamente y me sumerjo en el agua. El alivio es inmediato cuando el agua fresca me rodea. Nado hasta el fondo y luego vuelvo a la superficie, sintiendo que el agua refresca mi cuerpo. Sigo **nadando**, disfrutando del respiro del calor. Después de un rato, salgo del agua y me tumbo en la hierba, dejando que el sol me

Campeggio al lago

Cammino verso il lago, **ammirando** la tranquillità della scena. Il sole batte sul piccolo lago, facendo sembrare l'acqua una lastra di vetro. L'unico movimento è l'increspatura occasionale di un pesce **che rompe** la superficie. Anche gli uccelli sembrano prendersi una pausa dal caldo, con il solo suono delle cicale che riempie l'aria. **All'improvviso**, la pace è rotta da un forte tonfo. Un grosso **pesce** è saltato fuori dall'acqua, cercando di catturare una libellula. Il pesce manca il bersaglio e ricade in acqua con un tonfo. "Wow", penso tra me e me, "quello era un pesce grosso!". Mi guardai intorno per vedere se qualcun altro l'avesse visto, ma non c'era nessuno. Immagino che dovrò raccontarlo quando tornerò al campo.

Il caldo è **opprimente** e rende difficile respirare. L'aria è densa e pesante, come una coperta che ti avvolge. L'unico sollievo è l'acqua. È fresca e rinfrescante, come una bibita fresca in una giornata calda. Faccio un respiro profondo e mi immergo nell'acqua. Il sollievo è immediato quando l'acqua fresca mi circonda. Nuoto fino al fondo e poi risalgo in superficie, sentendo l'acqua rinfrescare il mio corpo. Continuo a **nuotare** a vasche, godendomi la tregua dal caldo. Dopo un po' esco dall'acqua e mi sdraio sull'erba, lasciando

seque el cuerpo. Cierro los ojos y me duermo, el sonido de las **cigarras** me arrulla en un profundo sueño. Dejo que el sol me quite el agua de la piel. Siento que mi piel se enrojece, pero no me importa. Lo siguiente que sé es que el sol se está poniendo. El cielo es de un hermoso color naranja, con vetas de color rosa y púrpura. El calor ha desaparecido y ha sido sustituido por una **brisa** fresca.

Me levanto y me vuelvo a poner la ropa, sintiéndome renovada y rejuvenecida. **Respiro** profundamente el aire fresco y sonrío. Se siente bien estar vivo. Vuelvo al campamento, admirando la forma en que los colores bailan en el cielo. Veo la hoguera que arde a lo lejos y huelo el humo en el aire. Sonrío y **acelero el** paso. Estoy lista para relajarme y disfrutar del resto de la noche. Entro en el campamento y veo que todos están reunidos alrededor del fuego. **Ríen** y bromean, y puedo ver el fuego reflejado en sus ojos. Sonrío y me siento junto a mis amigos. Es bueno estar de vuelta. A la mañana siguiente, me despierto temprano y empiezo a recoger mis cosas. Estoy ansioso por volver a la ruta y continuar mi viaje. Me despido de mis amigos y empiezo a caminar. Mientras camino, echo un último vistazo al **campamento**. Veo que el fuego sigue ardiendo a lo lejos y puedo oler el humo en el aire. Sonrío y acelero el paso. Estoy listo para continuar mi **viaje**.

che il sole asciughi il mio corpo. Chiudo gli occhi e mi addormento, mentre il suono delle **cicale** mi culla in un sonno profondo. Lascio che il sole scrosti l'acqua dalla mia pelle. Sento la pelle arrossarsi, ma non mi importa. Sono troppo accaldato per preoccuparmene. Il cielo è di un bellissimo arancione, con striature di rosa e viola. Il caldo è scomparso, sostituito da una fresca **brezza**.

Mi alzo e mi rivesto, sentendomi rinfrescata e ringiovanita. **Respiro** profondamente l'aria fresca e sorrido. È bello essere vivi. Torno al campeggio, ammirando il modo in cui i colori danzano nel cielo. Vedo il fuoco che arde in lontananza e sento l'odore del fumo nell'aria. Sorrido e **accelero il** passo. Sono pronto a rilassarmi e a godermi il resto della serata. Entro nel campeggio e vedo che tutti sono riuniti intorno al fuoco. **Ridono** e scherzano e posso vedere il fuoco riflesso nei loro occhi. Sorrido e mi siedo accanto ai miei amici. È bello essere tornati. La mattina dopo mi sveglio presto e comincio a raccogliere le mie cose. Sono impaziente di riprendere il cammino e continuare il mio viaggio. Saluto i miei amici e mi incammino. Mentre cammino, do un'ultima occhiata al **campeggio**. Vedo il fuoco ancora acceso in lontananza e sento l'odore del fumo nell'aria. Sorrido e accelero il passo. Sono pronto a continuare il mio **viaggio**.

Preguntas de comprensión

1. ¿Dónde va el caminante?

2. ¿Qué tiempo hace?

3. ¿Qué aspecto tiene el agua?

4. ¿Cómo reacciona el caminante al calor?

5. ¿Qué hace el pez?

6. ¿Por qué el caminante está solo?

7. ¿Cómo se siente el agua?

8. ¿Cómo se siente el caminante después de nadar?

9. ¿A qué hora del día se despierta el caminante?

10. ¿Adónde va el caminante cuando sale del campamento?

Domande di comprensione

1. Dove sta andando il camminatore?

2. Che tempo fa?

3. Che aspetto ha l'acqua?

4. Come reagisce il deambulatore al calore?

5. Cosa sta facendo il pesce?

6. Perché il camminatore è solo?

7. Come si sente l'acqua?

8. Come si sente il camminatore dopo il nuoto?

9. A che ora del giorno si sveglia il deambulatore?

10. Dove va l'ambulante quando lascia il campo?

La Casa

Me mudé a mi nueva casa la semana pasada y estoy muy **emocionada**. Es mucho más grande que la anterior y tiene un gran patio trasero. Me muero de ganas de tener amigos en casa para hacer barbacoas y fiestas. Mi parte favorita es mi nuevo dormitorio. Es muy grande y luminosa, y tengo mucho espacio para poner todas mis cosas. Estoy muy contenta con mi nueva casa y creo que seré muy feliz aquí. Decidí explorar la casa un poco más. Subí al segundo piso y empecé a dirigirme a la cocina cuando vi una gran araña negra en la pared. Grité y corrí escaleras abajo. Estaba muy **asustada**. Pero después de unos minutos, me calmé y decidí volver a subir. Me dirigí lentamente a la cocina y vi que la araña había desaparecido. Me sentí muy aliviada. Volví a bajar las escaleras y decidí salir a explorar el **patio trasero**. Era tan grande. No me lo podía creer. Vi un columpio en la esquina y un tobogán. También vi una red de baloncesto y una **cama elástica**. Estaba muy emocionada.

No puedo esperar a usar todas estas cosas nuevas. Los **vecinos** vinieron y se presentaron. Parecían muy simpáticos y estuvimos hablando un rato. Me invitaron a su barbacoa el próximo fin de semana y les dije que me encantaría ir. He pasado una primera semana estupenda en mi nueva casa, y estoy entusiasmada

La casa

La settimana scorsa mi sono trasferita nella mia nuova casa e sono così **entusiasta**! È molto più grande di quella vecchia e ha un grande cortile. Non vedo l'ora di invitare gli amici per grigliate e feste. La mia parte **preferita** è la mia nuova camera da letto. È così grande e luminosa e ho molto spazio per mettere tutte le mie cose. Sono molto contenta della mia nuova casa e penso che sarò molto felice qui. Ho deciso di esplorare ancora un po' la casa. Sono salita al secondo piano e ho iniziato a dirigermi verso la cucina quando ho visto un grosso ragno nero sul muro! Ho urlato e sono corsa di sotto. Ero così **spaventata**! Ma dopo qualche minuto mi sono calmata e ho deciso di tornare di sopra. Mi sono avvicinata lentamente alla cucina e ho visto che il ragno non c'era più. Ero così sollevata! Tornai al piano di sotto e decisi di uscire per esplorare il **giardino**. Era così grande! Non potevo crederci. Vidi un'altalena in un angolo e uno scivolo. Vidi anche una rete da basket e un **trampolino**. Ero così eccitato!

Non vedo l'ora di usare tutto questo nuovo materiale. I **vicini sono** venuti e si sono presentati. Sembravano molto gentili e abbiamo parlato per un po'. Mi hanno invitato al loro barbecue il prossimo fine settimana e ho detto che mi sarebbe piaciuto venire. La prima settimana nella mia nuova casa è stata fantastica e

con todas las nuevas aventuras que me esperan. Hoy voy a ir a explorar de nuevo en el patio trasero y ver qué más puedo encontrar. Quién sabe, quizá encuentre algún **tesoro**. Estoy deseando ver lo que me depara la próxima semana. A la semana siguiente, volví a explorar el patio trasero y encontré un jardín secreto. Era muy bonito. Había flores por todas partes y un pequeño estanque con peces. También vi un columpio que no había visto antes. Me emocioné mucho al encontrar este jardín secreto, y no puedo esperar a explorarlo más. Era muy **bonito**.

Había flores por todas partes y un pequeño estanque con peces. También vi un **columpio** que no había visto antes. Me emocionó mucho encontrar este jardín secreto y estoy deseando explorarlo más. También me encantó mi nueva habitación. Era tan grande y luminosa, y ya había pósters de mis grupos favoritos en las paredes. Ni siquiera tuve que traer mis propios **muebles** porque ya había una cama, una cómoda y un escritorio. ¡Este va a ser el mejor año de todos! Estaba un poco nerviosa por empezar en una nueva **escuela**, pero todos mis nuevos vecinos han sido muy amables. Incluso he conocido a una chica que vive en la puerta de al lado y dice que me acompañará al colegio el primer día. Me encanta mi nueva casa y estoy muy emocionada por empezar este nuevo capítulo de mi vida. Mañana va a ser genial. Me pregunto qué aventuras me esperan.

sono entusiasta di tutte le nuove avventure che mi aspettano. Oggi andrò di nuovo a esplorare il cortile per vedere cos'altro riesco a trovare. Chissà, forse troverò anche un **tesoro**. Non vedo l'ora di vedere cosa mi porterà la prossima settimana! La settimana successiva sono andata di nuovo in esplorazione nel cortile e ho trovato un giardino **segreto**. Era così bello! C'erano fiori dappertutto e un laghetto con i pesci. Ho visto anche un'altalena che non avevo mai visto prima. Ero così entusiasta di aver trovato questo giardino segreto e non vedo l'ora di esplorarlo ancora. Era così **bello**!

C'erano fiori dappertutto e un laghetto con dei pesci. Ho anche visto un'**altalena** che non avevo mai visto prima. Ero così entusiasta di aver trovato questo giardino segreto e non vedo l'ora di esplorarlo meglio. Mi è piaciuta molto anche la mia nuova stanza. Era così grande e luminosa e sulle pareti c'erano già i poster delle mie band preferite. Non ho nemmeno dovuto portare i miei **mobili**, perché c'erano già un letto, una cassettiera e una scrivania. Questo sarà l'anno migliore di sempre! Ero un po' nervosa all'idea di iniziare una nuova **scuola**, ma tutti i miei nuovi vicini sono stati così amichevoli. Ho persino conosciuto una ragazza che abita nella casa accanto e ha detto che verrà a scuola con me il primo giorno. Adoro la mia nuova casa e sono così entusiasta di iniziare questo nuovo capitolo della mia vita! Domani sarà fantastico! Mi chiedo quali avventure mi aspettano.

Preguntas de comprensión

1. ¿Dónde vive la persona?

2. ¿Qué le parece la persona en la nueva casa?

3. ¿Cuál es la parte favorita de la persona en la nueva casa?

4. ¿Qué encontró la persona en el jardín?

5. ¿Quiénes son los vecinos?

6. ¿Cómo fueron los primeros días de la persona en la nueva casa?

7. ¿Cuál es la parte favorita de la persona en la nueva habitación?

8. ¿Qué piensa hacer la persona mañana?

9. ¿Qué fue lo mejor de la primera semana de la persona en la nueva casa?

Domande di comprensione

1. Dove vive la persona?

2. Come si trova la persona nella nuova casa?

3. Qual è la parte preferita della nuova casa?

4. Che cosa ha trovato la persona nel giardino?

5. Chi sono i vicini?

6. Come sono stati i primi giorni nella nuova casa?

7. Qual è la parte preferita della nuova stanza?

8. Che cosa ha intenzione di fare domani?

9. Qual è stata la parte migliore della prima settimana nella nuova casa?

En el tren

Corrí a la estación de tren, pero llegué demasiado tarde. El tren ya había partido sin mí. Me sentí muy **enfadada** y **decepcionada** conmigo misma. Había planeado coger el tren para visitar a mis abuelos, que viven en el campo, pero ahora tendría que esperar una hora entera al siguiente tren. Decidí pasear un rato por la ciudad y tratar de olvidar la oportunidad perdida. Mientras caminaba, empecé a **soñar** con todos los lugares a los que te puede llevar **el tren**. De repente, ya no estaba tan molesto. Vuelvo a la estación y no puedo evitar fijarme en la gran locomotora roja, blanca y azul que se dirige hacia mí. No es hasta que veo al **revisor** saludándome desde la ventanilla cuando me doy cuenta de que ese tren es para mí. Subo al tren y encuentro mi asiento, acomodándome para lo que promete ser un largo viaje.

Mientras salimos de la estación, no puedo evitar preguntarme a dónde me llevará este tren. A través de **campos** verdes y ríos azules, pasando por montañas y valles, no se sabe adónde irá este viejo tren. Cuando empieza a caer la noche, me quedo dormido, arrullado por el movimiento **rítmico** de los vagones en las vías. Cuando vuelve a amanecer, abro los ojos y veo que hemos llegado a un pequeño pueblo en medio

Sul treno

Corsi alla stazione ferroviaria, ma ero troppo in ritardo. Il treno era già partito senza di me. Mi sentivo così **arrabbiata** e **delusa** con me stessa. Avevo intenzione di prendere il treno per andare a trovare i miei nonni che vivono in campagna, ma ora avrei dovuto aspettare un'ora intera per il treno successivo. Decisi invece di passeggiare un po' per la città, cercando di dimenticare l'occasione persa. Mentre camminavo, ho iniziato a **sognare a occhi aperti** tutti i luoghi in cui il **treno** può portarti. Improvvisamente, non ero più così arrabbiata. Rientro in stazione e non posso fare a meno di notare la grande locomotiva rossa, bianca e blu che si dirige verso di me. Solo quando vedo il **capotreno che** mi saluta dal finestrino capisco che quel treno è per me. Salgo sul treno e trovo il mio posto, sistemandomi per quello che si preannuncia un lungo viaggio.

Mentre usciamo dalla stazione, non posso fare a meno di chiedermi dove mi porterà questo treno. Attraverso **campi** verdi e fiumi blu, passando per montagne e valli, non si sa dove andrà questo vecchio treno. Quando inizia a calare la notte, mi addormento in un sonno **tranquillo**, cullato dal movimento **ritmico** dei vagoni sui binari sottostanti. Quando arriva il mattino, apro gli occhi e scopro che siamo arrivati in una piccola città

de la nada. El sol acaba de asomar por el horizonte mientras los lugareños empiezan a arremolinarse en la calle principal; parece un día cualquiera, excepto por una cosa: hay un gran cartel colocado cerca del Ayuntamiento que dice “¡Bienvenidos a bordo!”. Parece que esta pequeña ciudad nos ha estado esperando, a pesar de que sólo somos un tren de **pasajeros** ordinario que pasa por aquí de camino a otro lugar. Mientras dejamos atrás la ciudad una vez más, avanzando hacia quién sabe dónde, sonrío al ver todas las caras amistosas que se despiden desde esas pequeñas casas enclavadas entre **los campos de cultivo;** es realmente increíble cómo algo tan aparentemente ordinario puede traer tanta alegría simplemente por pasar. Y luego, por supuesto, están los **niños**.

Me asomo a la ventana de mi locomotora. Siempre me hacen sentir muy feliz con sus ojos brillantes y sus grandes sonrisas. Les devuelvo el saludo con energía antes de volver a mi **cabina** y tomar asiento. Ya ha sido un día muy largo, pero aún no ha terminado; todavía faltan algunas horas para llegar a nuestro **destino final**. Saco mi libro y empiezo a leer, dejando que el rítmico balanceo del tren me adormezca. De vez en cuando levanto la vista para ver el paisaje que pasa por fuera; nunca pasa de moda, no importa cuántas veces lo vea.

nel bel mezzo del nulla. Il sole fa appena capolino all'orizzonte, mentre la gente del posto inizia a girare per la Main Street; sembra un giorno come un altro, tranne che per una cosa: c'è un grande cartello affisso vicino al municipio che recita "Benvenuti a bordo!". Sembra che questa piccola città ci stesse aspettando, anche se siamo solo un normale treno **passeggeri** di passaggio sulla nostra strada. Mentre ci lasciamo ancora una volta la città alle spalle, andando verso chissà dove, sorrido a tutte le facce amichevoli che ci salutano da quelle casette incastonate tra i **campi coltivati:** è davvero incredibile come qualcosa di così apparentemente ordinario possa portare tanta gioia semplicemente passando di lì. E poi, naturalmente, ci sono i **bambini**.

Mi affaccio al finestrino della mia locomotiva. Mi fanno sempre sentire così felice con i loro occhi lucidi e i loro grandi sorrisi. Li saluto energicamente prima di tornare nella mia **cabina** e sedermi. È stata già una lunga giornata, ma non è ancora finita; mancano ancora alcune ore per raggiungere la nostra **destinazione** finale. Tiro fuori il mio libro e inizio a leggere, lasciando che il dondolio ritmico del treno mi culli in uno stato di pace. Di tanto in tanto alzo lo sguardo verso il paesaggio che passa fuori: non diventa mai vecchio, anche se lo vedo tante volte.

Preguntas de comprensión

1. ¿A dónde va el tren?

2. ¿Quién viaja en el tren?

3. ¿Cuándo sale el tren?

4. ¿Cómo sube el protagonista al tren?

5. ¿De dónde viene el tren?

6. ¿Adónde va el tren ahora?

7. ¿Cuándo llegaron los pasajeros?

8. ¿Cómo se siente el protagonista cuando pierde el tren?

9. ¿Cómo reacciona el conductor del tren cuando ve al protagonista?

10. ¿Por qué le gustan los trenes al protagonista?

Domande di comprensione

1. Dove va il treno?

2. Chi viaggia sul treno?

3. Quando parte il treno?

4. Come fa il protagonista a salire sul treno?

5. Da dove viene il treno?

6. Dove è diretto il treno?

7. Quando sono arrivati i passeggeri?

8. Come si sente il protagonista quando perde il treno?

9. Come reagisce il macchinista quando vede il protagonista?

10. Perché al protagonista piacciono i treni?

Cocinar la cena

Son las 5 de la tarde y estoy volviendo a casa desde el trabajo. Estoy **deseando pasar** una noche tranquila en casa con mi pareja. Prepararemos la cena juntos y luego nos relajaremos el resto de la noche. Me siento bien al saber que no tengo ningún plan ni obligación esta **noche**. Llego a casa y mi pareja ya está en la cocina, empezando a preparar nuestra cena. Huele **de maravilla**. Charlamos mientras cocinamos, poniéndonos al día y compartiendo pequeñas historias de nuestras vidas laborales. La cocina es mi habitación favorita de nuestro apartamento. Me encanta cocinar, y sobre todo cocinar con mi pareja. Siempre nos lo pasamos muy bien aquí, riendo y bromeando mientras cocinamos. Además, la comida siempre es **increíble** cuando trabajamos **juntos**.

Esta noche vamos a preparar una de mis recetas favoritas: **pollo** a la parmesana. Mi pareja empieza a empanar el pollo mientras yo pongo la salsa a hervir a **fuego** lento. Trabajamos juntos como una máquina bien engrasada y, en poco tiempo, la cena está lista para servir. Nos sentamos en nuestra pequeña mesa de cocina con **platos llenos** de pollo a la parmesana, pasta y ensalada. Brindamos por los vasos y damos el primer bocado, ¡y es **celestial**! El pollo está crujiente

Cucinare la cena

Sono le 17.00 e sto tornando a casa dal lavoro. Non vedo l'**ora** di passare una serata tranquilla a casa con il mio compagno. Cucineremo insieme la cena e poi ci rilasseremo per il resto della serata. È bello sapere che questa **sera non ho** programmi o obblighi. Arrivo a casa e il mio partner è già in cucina a preparare la cena. C'è un profumo **fantastico** qui dentro! Chiacchieriamo mentre cuciniamo, raccontandoci le nostre giornate e condividendo piccole storie della nostra vita lavorativa. La cucina è la mia stanza preferita del nostro appartamento. Adoro cucinare e soprattutto adoro farlo con il mio compagno. Ci divertiamo sempre molto qui dentro, ridendo e scherzando mentre cuciniamo. Inoltre, il cibo è sempre **incredibile** quando lavoriamo **insieme**.

Stasera prepariamo una delle mie ricette preferite di sempre: il **pollo** alla parmigiana. Il mio collega inizia a impanare il pollo, mentre io faccio cuocere la salsa sul **fuoco**. Lavoriamo insieme come una macchina ben oliata e in poco tempo la cena è pronta da servire. Ci sediamo al tavolo della nostra cucina con i **piatti** colmi di pollo alla parmigiana, pasta e insalata. Facciamo tintinnare i bicchieri e assaggiamo il primo boccone... ed è **paradisiaco**! Il pollo è croccante all'esterno ma succoso all'interno; il sugo è saporito e

por fuera pero jugoso por dentro; la salsa es sabrosa y perfecta; la pasta está cocida al dente... todo sabe absolutamente perfecto esta noche. Los dos sabemos que esta fue una de esas noches en las que todo salió a la perfección mientras **saboreamos** hasta el último bocado de nuestra deliciosa comida. Sabía incluso mejor de lo que olía, ¡que era muy bueno! Terminamos la comida con relativa rapidez, ya que ninguno de los dos tiene especial hambre hoy, pero nos tomamos nuestro tiempo para disfrutar de unas cuantas **copas** de vino más mientras charlamos ligeramente sobre este y aquel tema. Después de la cena, limpiamos juntos rápidamente y nos trasladamos al salón, donde pasamos un rato **acurrucados** en el sofá mientras vemos la televisión.

Es tan agradable estar cerca el uno del otro después de un largo día **de trabajo** separados. Me siento satisfecha. Aunque no tuvimos una noche agitada, fue agradable pasar un tiempo juntos sin tener que salir de casa. Vimos una película y nos fuimos a la cama temprano, **satisfechos** de nuestra sencilla noche. Esto se ha convertido en una de nuestras actividades **favoritas** en las noches en las que no queremos salir: relajarnos en casa y disfrutar de la compañía del otro con una comida casera. Siempre es agradable saber que podemos volver aquí después de un largo día y ser nosotros mismos.

perfetto; la pasta è cotta al dente... tutto ha un sapore assolutamente perfetto stasera. Sappiamo entrambi che questa è stata una di quelle sere in cui tutto si è unito alla perfezione, mentre **assaporiamo** fino all'ultimo boccone il nostro delizioso pasto. Il sapore era persino migliore del profumo, che era dannatamente buono! Finiamo il pasto relativamente in fretta, visto che oggi nessuno dei due ha particolarmente fame, ma ci prendiamo tutto il tempo necessario per goderci qualche altro **bicchiere di** vino chiacchierando con leggerezza di questo e quell'argomento. Dopo cena, puliamo velocemente insieme e poi ci spostiamo in salotto, dove passiamo un po' di tempo **a coccolarci** sul divano guardando la TV.

È così bello stare vicini dopo una lunga giornata di **lavoro**. Mi sento soddisfatta. Anche se non abbiamo avuto una serata movimentata, è stato bello passare un po' di tempo insieme senza dover uscire di casa. Abbiamo guardato un film e siamo andati a letto presto, sentendoci **soddisfatti** della nostra semplice serata. Questa è diventata una delle cose che **preferiamo** fare nelle sere in cui non vogliamo uscire: rilassarci a casa e goderci la reciproca compagnia con un pasto fatto in casa. È sempre bello sapere che possiamo tornare qui dopo una lunga giornata ed essere semplicemente noi stessi.

Preguntas de comprensión

1. ¿De dónde viene el narrador?

2. ¿Qué hace el narrador después del trabajo?

3. ¿Qué cena el narrador?

4. ¿Por qué le gusta la cocina al narrador?

5. ¿Qué tipo de plato cocina la pareja?

6. ¿Cómo se siente el narrador al final de la noche?

7. ¿Qué es lo que más le gusta hacer a la pareja?

8. ¿Qué hace la pareja cuando se cansa?

9. ¿Dónde duermen?

10. ¿Por qué al narrador le gusta quedarse en casa?

Domande di comprensione

1. Da dove viene il narratore?

2. Cosa fa il narratore dopo il lavoro?

3. Cosa mangia il narratore per cena?

4. Perché al narratore piace la cucina?

5. Che tipo di piatto cucina la coppia?

6. Come si sente il narratore alla fine della serata?

7. Qual è la cosa che la coppia preferisce fare?

8. Cosa fa la coppia quando è stanca?

9. Dove dormono?

10. Perché al narratore piace stare a casa?

Caminando a casa

Era una noche **tranquila mientras volvía** a casa desde el trabajo. Mientras caminaba, no pude evitar sonreír ante los recuerdos. Me sentí bien al volver a mi antiguo barrio. Saludé a algunos conocidos y ellos me devolvieron el saludo. Era bueno estar en casa. Pasé por delante de mi antigua escuela y **recordé** todos los buenos momentos que pasé con mis amigos. Siempre íbamos juntos a casa y hablábamos de nuestro día. **A veces** nos parábamos a tomar un helado o íbamos al parque. Eran los mejores momentos. Echo de menos esos momentos. Pero ahora tengo mi propia familia y soy feliz con mi vida. Me alegro de poder recordar esos momentos y sonreír. Son una parte de mi vida que siempre apreciaré. Fueron los mejores tiempos. Echo de menos esos tiempos. Pero ahora tengo mi propia familia y soy feliz con mi vida. Me alegro de poder recordar esos **momentos** y sonreír. Son una parte de mi vida que siempre apreciaré.

Sigo caminando, pensando en los buenos momentos que pasé con mis amigos. Sé que los volveré a ver pronto. Me dirijo hacia mi casa y decido pasear por un parque cercano. El sol se está poniendo y el cielo se está volviendo de un **hermoso color** naranja. El

Camminare verso casa

Era una notte **tranquilla** mentre tornavo a casa dal lavoro. Mentre camminavo, non potevo fare a meno di sorridere ai ricordi. Era bello tornare nel mio vecchio quartiere. Salutai alcune persone che conoscevo e loro ricambiarono il saluto. Era bello essere a casa. Passai davanti alla mia vecchia scuola e **ricordai** tutti i bei momenti passati con i miei amici. Tornavamo sempre a casa insieme e parlavamo della nostra giornata. **A volte ci** fermavamo a prendere un gelato o andavamo al parco. Erano i momenti migliori. Mi mancano quei momenti. Ma ora ho la mia famiglia e sono felice della mia vita. Sono felice di poter guardare indietro a quei ricordi e sorridere. Sono una parte della mia vita che conserverò per sempre. Erano i tempi migliori. Mi mancano quei tempi. Ma ora ho la mia famiglia e sono felice della mia vita. Sono felice di poter guardare indietro a quei **ricordi** e sorridere. Sono una parte della mia vita che conserverò per sempre.

Continuo a camminare, pensando ai bei momenti passati con i miei amici. So che li rivedrò presto. Mi dirigo verso casa e decido di passeggiare in un parco lì vicino. Il sole sta tramontando e il cielo sta diventando di un **bel** colore arancione. Il parco è vuoto, a parte

parque está vacío, a excepción de algunos pájaros que cantan en los árboles. **Respiro** profundamente y sonrío. Mientras camino por el parque, veo una estrella fugaz que atraviesa el cielo. Pido un deseo a esa estrella y sigo caminando. Pienso en mi día de trabajo y en lo **tranquilo que** ha sido. Sonrío para mis adentros, pensando en la suerte que tengo de tener un trabajo tan bueno. Vuelvo a casa, **sintiendo** el aire fresco de la noche en mi piel. Me siento tan viva y feliz, disfrutando del simple hecho de volver a casa en una noche tranquila. Me sentí tan bien que empecé a **silbar**. Pasé por delante de algunas personas en la calle, pero todas estaban ocupadas en sus propios asuntos.

Doblé la esquina de mi calle y vi al gato de mi vecino, el Sr. Bigotes, sentado en mi porche. Le saludé y me devolvió el maullido. **Abrí** la puerta y entré. Estaba muy contenta de estar en casa. Me quité los zapatos y me preparé para ir a la cama. Esa noche me acosté feliz y agradecida, con el corazón lleno de amor. Dormí profundamente toda la noche, sin preocuparme por nada. Me desperté de un sueño reparador y **me recibió** el sol que entraba por la ventana. Me levanté de la cama y me estiré, respirando profundamente y sintiendo cómo el aire fresco llenaba mis pulmones. Me acerqué a la ventana y miré hacia afuera, escuchando el canto de los pájaros y el juego de **las ardillas**.

qualche uccello che cinguetta tra gli alberi. Faccio un **respiro** profondo e sorrido. Mentre cammino nel parco, vedo una stella cadente che attraversa il cielo. Esprimo un desiderio su quella stella e continuo a camminare. Penso alla mia giornata di lavoro e a quanto sia stata **tranquilla**. Sorrido tra me e me, pensando a quanto sono fortunata ad avere un lavoro così bello. Cammino verso casa, **sentendo** l'aria fresca della notte sulla mia pelle. Mi sento così viva e felice, godendomi il semplice atto di tornare a casa in una notte tranquilla. Mi sentivo così bene che iniziai a **fischiettare**. Passai accanto ad alcune persone per strada, ma tutte si facevano gli affari loro.

Svoltato l'angolo della mia strada, vidi il gatto del mio vicino, Mr. Whiskers, seduto sul mio portico. Lo salutai e lui ricambiò il miagolio. **Aprii la** porta ed entrai. Ero così felice di essere a casa. Mi tolsi le scarpe e mi preparai per andare a letto. Quella sera andai a letto felice e grata, con il cuore pieno d'amore. Dormii profondamente per tutta la notte, senza preoccuparmi di nulla. Mi svegliai da un sonno ristoratore e fui **accolta** dal sole che entrava dalla finestra. Mi alzai dal letto e mi stiracchiai, facendo un respiro profondo e sentendo l'aria fresca riempirmi i polmoni. Mi avvicinai alla finestra e guardai fuori, sentendo gli uccelli cinguettare e gli **scoiattoli** giocare. Sorrisi e andai a vestirmi, sentendomi felice e soddisfatta.

Preguntas de comprensión

1. ¿Qué hacía el protagonista cuando empezó la historia?

2. ¿En qué pensaba el protagonista cuando volvía a casa?

3. ¿Qué solía hacer el protagonista con sus amigos después del colegio?

4. ¿Qué echa de menos el protagonista de aquellos tiempos?

5. ¿Qué piensa el protagonista de su vida actual?

6. ¿Qué hace el protagonista cuando ve una estrella fugaz?

7. ¿Cómo se siente el protagonista cuando vuelve a casa?

8. ¿Qué hace el protagonista al llegar a casa?

9. ¿Cómo se siente el protagonista cuando se despierta a la mañana siguiente?

10. ¿Qué hace el protagonista al día siguiente?

Domande di comprensione

1. Cosa stava facendo il protagonista quando è iniziata la storia?

2. A cosa pensava il protagonista mentre tornava a casa?

3. Cosa faceva il protagonista con gli amici dopo la scuola?

4. Cosa manca al protagonista di quei tempi?

5. Cosa pensa il protagonista della sua vita attuale?

6. Cosa fa il protagonista quando vede una stella cadente?

7. Come si sente il protagonista quando torna a casa?

8. Cosa fa il protagonista quando torna a casa?

9. Come si sente il protagonista quando si sveglia la mattina dopo?

10. Cosa fa il protagonista il giorno dopo?

El castillo

La familia siempre había querido visitar un antiguo castillo en **Alemania,** y finalmente hicieron el viaje. No **les decepcionó**. El castillo era precioso y disfrutaron explorando sus numerosas habitaciones y pasillos. Lo primero que les llamó la atención fue el olor. Encontraron **moho**, humedad y algo más que no pudieron determinar. Lo segundo fue el sonido. Las paredes de piedra son gruesas, pero no amortiguan el sonido por completo. Oyeron cada paso, cada palabra pronunciada con voz normal y el ocasional goteo de agua en **algún lugar** de la distancia. Cuando sus ojos se adaptaron a la escasa luz, vieron que a su alrededor se alzaban enormes muros de piedra, de los que colgaban tapices **hechos jirones**. Se encontraban en un enorme salón con un alto techo sostenido por pilares tallados. También les encantaron las vistas desde las torretas, y los niños se lo pasaron en grande corriendo por el recinto. El **sol** había empezado a ponerse cuando terminaron de explorar el castillo, y lamentaron no haber traído una **linterna**. Decidieron volver a la entrada, pero pronto se perdieron. Estuvieron dando vueltas durante horas, hasta que finalmente dieron con una puerta que conducía al exterior. Continuaron hasta **llegar** al final del pasillo y se encontraron con un imponente conjunto de puertas dobles. Por mucho

Il castello

La famiglia aveva sempre desiderato visitare un antico castello in **Germania** e finalmente ha intrapreso il viaggio. Non sono rimasti **delusi**. Il castello era bellissimo e si sono divertiti a esplorare le sue stanze e i suoi corridoi. La prima cosa che li colpì fu l'odore. Trovarono **muffa**, umidità e qualcos'altro che non riuscirono a definire con precisione. La seconda cosa è stata il suono. I muri di pietra sono spessi, ma non attutiscono completamente il suono. Sentirono ogni passo, ogni parola pronunciata con voce normale e l'occasionale gocciolio dell'acqua **da qualche parte** in lontananza. Quando i loro occhi si adattarono alla luce fioca, videro le massicce mura di pietra che incombevano intorno a loro, con gli arazzi appesi a **brandelli**. Si trovavano in un'enorme sala con un alto soffitto sostenuto da pilastri scolpiti. Anche a loro piaceva molto la vista che si godeva dalle torrette e i bambini si divertivano un mondo a correre per il parco. Quando finirono di esplorare il castello, il **sole** era già tramontato e si pentirono di non aver portato una **torcia**. Decisero di tornare all'ingresso, ma si persero subito. Vagarono per ore e ore, finché alla fine trovarono una porta che conduceva all'esterno. Proseguirono fino **alla** fine del corridoio e si trovarono davanti a un'imponente serie di doppie porte. Per

que lo intenten, las puertas no se mueven. Traquetean **siniestramente** pero no se mueven ni un centímetro. Parece que quienquiera que haya estado aquí antes debe haber pasado por aquí y haberlas cerrado desde dentro. Finalmente, encuentran una salida. El alivio los invade cuando salen al aire fresco de la noche.

El sol empezaba a ponerse y **lamentaron no haber** traído una linterna. Decidieron volver a la entrada, pero pronto se perdieron. Estuvieron dando vueltas durante horas, hasta que finalmente dieron con una puerta que conducía **al exterior**. El alivio los invadió cuando salieron al aire fresco de la noche. A la noche siguiente, se aseguraron de llevar una linterna para explorar el resto del castillo. Atravesaron el **patio** y bajaron hasta el río que corría detrás de los muros del castillo. Mientras caminaban, empezaron a oír ruidos extraños. Parecía que alguien les seguía. Aceleraron el paso, pero los ruidos eran cada vez más fuertes y cercanos. La familia corrió de vuelta al castillo tan rápido como pudo, y se sintió aliviada al ver que la figura de la capa **oscura** no les había seguido.

quanto potessero, le porte non si muovevano. Scricchiolano **minacciosamente**, ma non si muovono di un millimetro. Sembrava che chiunque fosse stato qui prima dovesse essere passato di qui e averle chiuse dall'interno. Alla fine trovano una via d'uscita. Il sollievo li invade mentre escono nell'aria fresca della notte.

Il sole aveva iniziato a tramontare e si **pentirono di non aver** portato una torcia elettrica. Decisero di tornare all'ingresso, ma presto si persero. Vagarono per ore e ore, finché alla fine trovarono una porta che conduceva all'**esterno**. Il sollievo li colse quando uscirono nell'aria fresca della notte. La sera successiva si assicurarono di portare con sé una torcia per esplorare il resto del castello. Attraversarono il **cortile** e scesero fino al fiume che scorreva dietro le mura del **castello**. Mentre camminavano, cominciarono a sentire strani rumori. Sembrava che qualcuno li stesse seguendo. Accelerarono il passo, ma i rumori diventavano sempre più forti e vicini. La famiglia tornò al castello il più velocemente possibile e si accorse con sollievo che la figura con il mantello **scuro** non li aveva seguiti.

Preguntas de comprensión

1. ¿Qué hizo la familia cuando se perdió en el castillo?

2. ¿Cómo se sintió la familia cuando se enteró de que era sólo un hombre de la zona?

3. ¿Qué hizo el hombre para que lo detuvieran?

4. ¿Cuál fue la sentencia para el hombre?

5. ¿Qué ruido escuchó la familia mientras caminaba?

6. ¿Dónde estaba la figura de la capa oscura cuando la familia lo vio?

7. ¿Qué hizo la familia al volver a su habitación?

8. ¿Cuándo volvió la familia a explorar el castillo?

9. ¿Qué es lo que la familia no pudo determinar?

10. ¿Qué hizo la familia antes de volver a explorar el castillo?

Domande di comprensione

1. Cosa fece la famiglia quando si perse nel castello?

2. Come si è sentita la famiglia quando ha scoperto che si trattava solo di un uomo del posto?

3. Che cosa ha fatto l'uomo che lo ha fatto arrestare?

4. Qual è stata la sentenza per l'uomo?

5. Quale rumore ha sentito la famiglia mentre camminava?

6. Dov'era la figura con il mantello scuro quando la famiglia lo vide?

7. Che cosa ha fatto la famiglia quando è tornata nella sua stanza?

8. Quando la famiglia è tornata a esplorare il castello?

9. Qual era la cosa che la famiglia non riusciva a capire?

10. Cosa fece la famiglia prima di tornare a esplorare il castello?

Mi jardín

Mi jardín es mi lugar feliz. Salgo todos los días, llueva o haga sol, y me dedico a cuidar mis plantas. Tengo un poco de **todo: verduras**, frutas, flores y hierbas. Incluso tengo unas cuantas gallinas que me ayudan a mantener a raya las plagas. Empiezo mis días en el jardín recogiendo los huevos de las gallinas. Luego compruebo las verduras y me aseguro de que reciben suficiente agua y sol. Deshierbo los parterres y elimino los bichos que puedan estar **atacando** las plantas. Una vez que **todo** está resuelto, me siento a disfrutar de la paz y la tranquilidad de la naturaleza.

Siempre me ha gustado pasar tiempo en mi jardín. Hay algo en estar rodeado de la naturaleza y de toda la **belleza que** ofrece. Me parece un lugar muy tranquilo y calmado. A menudo paso tiempo en mi jardín relajándome y disfrutando del paisaje. También me gusta trabajar en mi jardín y cultivar cosas. Tengo un jardín bastante grande y me gusta cultivar **diferentes** cosas en él. Cultivo flores, **verduras** y hierbas. También tengo algunos árboles frutales que producen deliciosas manzanas, peras y ciruelas. Además de cultivar cosas, también me gusta pasar tiempo paseando por mi jardín, **admirando todas las** plantas y animales que lo llaman hogar. He pasado muchas horas a lo largo de los años

Il mio giardino

Il mio giardino è il mio luogo felice. Esco ogni giorno, con la pioggia o con il sole, e passo il tempo a curare le mie piante. Ho un po' di **tutto: verdure**, frutta, fiori, erbe aromatiche. Ho anche alcune galline che mi aiutano a tenere lontani i parassiti. Inizio le mie giornate in giardino raccogliendo le uova dalle galline. Poi controllo le verdure, assicurandomi che ricevano acqua e sole a sufficienza. Diserbo le aiuole e rimuovo gli insetti che potrebbero **attaccare** le piante. Una volta sistemato **tutto**, mi siedo e mi godo la pace e la tranquillità della natura.

Ho sempre amato trascorrere del tempo nel mio giardino. C'è qualcosa nell'essere circondati dalla natura e da tutta la **bellezza che** ha da offrire. Trovo che sia un luogo molto tranquillo e rilassante. Spesso trascorro il tempo nel mio giardino rilassandomi e godendomi il paesaggio. Mi piace anche lavorare nel mio giardino e coltivare. Ho un giardino di buone dimensioni e mi piace coltivare **diverse** cose. Coltivo fiori, **verdure** ed erbe aromatiche. Ho anche alcuni alberi da frutto che producono mele, pere e prugne deliziose. Oltre a coltivare, mi piace anche passare il tempo passeggiando nel mio giardino, **ammirando** tutte le piante e gli animali che lo abitano. Negli anni

trabajando para hacer de mi **jardín** un lugar no sólo hermoso sino también funcional. Me encanta ver a los pájaros revolotear y escucharlos cantar. A veces incluso saco un libro y leo en el jardín mientras estoy rodeada de toda la belleza que he creado. **La jardinería** es mi pasión y me da mucha alegría. Cada día en mi jardín es un buen día.

Una de las cosas que me gusta hacer es cocinar, así que tener un jardín de hierbas bien surtido es muy **importante para** mí. El tomillo, la albahaca, el orégano, el romero, la salvia y la lavanda son algunas de las hierbas que me gusta cultivar en mi jardín para poder utilizarlas cuando cocino para mí o para **mis invitados**. Otra cosa importante para mí cuando se trata de mi jardín es asegurarse de que haya mucho color en él. Para conseguirlo, cultivo una gran variedad de flores, como **rosas**, lirios, margaritas, tulipanes, impatiens, caléndulas, etc. Además de añadir color con las flores, también me gusta añadir interés utilizando diferentes **texturas** por todo el jardín. Por ejemplo, puedo plantar helechos debajo de grandes girasoles o hostas **junto a** hierbas ornamentales de punta. Independientemente de lo que me ocurra en la vida, trabajar en mi jardín siempre **me ayuda a** sentirme más conectada con la naturaleza y en paz conmigo misma.

ho trascorso molte ore a lavorare per rendere il mio **giardino** un luogo non solo bello ma anche funzionale. Mi piace osservare gli uccelli che svolazzano in giro e ascoltarli cantare. A volte tiro fuori un libro e leggo in giardino, circondata da tutta la bellezza che ho creato. Il **giardinaggio** è la mia passione e mi porta tanta gioia. Ogni giorno nel mio giardino è un buon giorno.

Una delle cose che amo fare è cucinare, quindi avere un giardino di erbe aromatiche ben fornito è molto **importante** per me. Timo, basilico, origano, rosmarino, salvia e lavanda sono solo alcune delle erbe che mi piace coltivare nel mio giardino per poterle usare quando cucino per me o per gli **ospiti**. Un'altra cosa importante per me quando si tratta del mio giardino è assicurarmi che ci sia molto colore in tutto il giardino. Per raggiungere questo obiettivo, coltivo una grande varietà di fiori, tra cui **rose**, gigli, margherite, tulipani, impatiens, calendule, ecc. Oltre ad aggiungere colore con i fiori, mi piace anche aggiungere interesse utilizzando diverse **texture** in tutto il giardino. Per esempio, potrei piantare felci sotto imponenti girasoli o hosta **accanto a** spigolose erbe ornamentali. Indipendentemente da ciò che accade nella vita, lavorare nel mio giardino **riesce** sempre a farmi sentire più connessa con la natura e in pace con me stessa.

Preguntas de comprensión

1. ¿Dónde está el jardín del autor?

2. ¿Cuántos pollos tiene el autor?

3. ¿Qué hace el autor en el jardín cada día?

4. ¿Por qué le gusta el jardín al autor?

5. ¿Qué hierbas planta el autor en el jardín?

6. ¿Por qué es importante para el autor que haya muchos colores en su jardín?

7. ¿Cómo aporta el autor variedad a su jardín?

8. ¿Cómo se siente el autor cuando trabaja en su jardín?

9. ¿Qué hace que el autor se sienta conectado cuando está en su jardín?

10. ¿Por qué cada día en el jardín del autor es un buen día?

Domande di comprensione

1. Dove si trova il giardino dell'autore?

2. Quanti polli ha l'autore?

3. Che cosa fa l'autore in giardino ogni giorno?

4. Perché all'autore piace il giardino?

5. Quali sono le erbe che l'autore pianta nel giardino?

6. Perché è importante per l'autore che ci siano molti colori nel suo giardino?

7. Come fa l'autore a dare varietà al suo giardino?

8. Come si sente l'autore quando lavora nel suo giardino?

9. Cosa fa sentire l'autore in sintonia quando è nel suo giardino?

10. Perché ogni giorno nel giardino dell'autore è un buon giorno?

Ir de compras

Me encanta ir **de compras** al centro comercial. Siempre es muy divertido pasear y ver todas las tiendas. Hay algo para todo el mundo en el centro comercial, y siempre es un buen lugar para encontrar ofertas en ropa, zapatos y accesorios. **Suelo** empezar mis compras por la **entrada** principal del centro comercial. Desde allí, me dirijo primero a mis tiendas favoritas. Después de mirar esas tiendas, me doy una vuelta para ver si hay rebajas en otros sitios. Suelo pasar un par de horas en el centro comercial antes de hacer mis compras. Siempre me gusta tomarme mi tiempo cuando voy de compras, **porque** quiero asegurarme de que compro **exactamente** lo que quiero. Además, así es más divertido.

Siempre me parece **fascinante** observar a la gente mientras estoy en el centro comercial. Se puede saber mucho de una persona por su forma de comprar. Algunas personas son muy metódicas y se toman su tiempo, mientras que otras parecen coger **todo lo que** pueden y dirigirse a la caja lo más rápido posible. También hay compradores que parecen más interesados en hablar por el móvil o enviar mensajes de texto que en mirar la mercancía. Sin embargo, sea cual sea el tipo de comprador, todo el mundo

Fare shopping

Mi piace andare **a fare shopping al** centro commerciale. È sempre molto divertente passeggiare e guardare tutti i diversi negozi. Al centro commerciale ce n'è per tutti i gusti ed è sempre un ottimo posto per trovare offerte su vestiti, scarpe e accessori. **Di solito** inizio il mio shopping attraversando l'**ingresso** principale del centro commerciale. Da lì, mi dirigo prima verso i miei negozi preferiti. Dopo aver dato un'occhiata a quei negozi, vado in giro a vedere se ci sono saldi in corso in altri posti. Di solito trascorro un paio d'ore nel centro commerciale prima di fare i miei acquisti. Mi piace sempre prendermi il tempo necessario per fare shopping, **perché** voglio essere sicura di acquistare **esattamente** ciò che voglio. In più, così è più divertente!

Trovo sempre molto **affascinante** osservare le persone mentre sono al centro commerciale. Si può capire molto di una persona dal modo in cui fa acquisti. Alcune persone sono molto metodiche e si prendono il loro tempo, mentre altre sembrano prendere **tutto quello che** possono e dirigersi alla cassa il più velocemente possibile. Ci sono anche quelli che sembrano più interessati a parlare al cellulare o a mandare messaggi piuttosto che guardare la merce! A prescindere dal tipo

parece disfrutar mirando los escaparates, aunque no se compre nada. Hay algo en mirar todas las cosas bonitas de los **escaparates** que me hace feliz. A veces fantaseo con cómo sería si pudiera comprar **todo lo** que veo. En definitiva, pasar un día de compras en el centro comercial es uno de mis pasatiempos favoritos. Es una forma estupenda de relajarse y desconectar al tiempo que se hace un poco de ejercicio (si se camina lo suficiente). Además, **siempre está bien darse un** capricho con una camisa o un par de zapatos nuevos de vez en cuando.

Tuve un **largo** día de trabajo y por fin tuve algo de tiempo para mí, así que decidí ir de compras al centro comercial. Necesitaba ropa nueva para la **próxima** temporada. Nada más entrar, vi todas las luces brillantes y los escaparates relucientes. Me dirigí primero a mi tienda favorita y empecé a mirar los estantes. Encontré unos cuantos tops bonitos y me los probé en el probador. Mientras me miraba en el espejo, oí que alguien entraba en el **probador** contiguo al mío. Reconocí su voz como la de una de mis compañeras de trabajo. Nos saludamos y empezamos a charlar sobre el trabajo. Al cabo de unos minutos, los dos terminamos y nos fuimos por **separado,** pero más tarde volvimos a encontrarnos. Seguimos charlando y nos damos cuenta de que tenemos más cosas en común de las que pensábamos.

di acquirente, però, sembra che a tutti piaccia guardare le vetrine, anche se non si compra nulla. C'è qualcosa che mi rende felice nel guardare tutte le belle cose nelle **vetrine** dei negozi. A volte fantastico su come sarebbe se potessi permettermi **tutto quello che** vedo! Tutto sommato, trascorrere una giornata di shopping al centro commerciale è uno dei miei passatempi preferiti. È un ottimo modo per rilassarsi e distendersi, facendo anche un po' di esercizio fisico (se si cammina abbastanza). Inoltre, è **sempre** bello concedersi una camicia o un paio di scarpe nuove ogni tanto!

Ho avuto una **lunga** giornata di lavoro e finalmente avevo un po' di tempo per me, così ho deciso di andare a fare shopping al centro commerciale. Mi servivano dei vestiti nuovi per la **prossima** stagione. Appena sono entrata, ho visto tutte le luci e le vetrine scintillanti. Mi sono diretta prima al mio negozio preferito e ho iniziato a sfogliare gli scaffali. Ho trovato alcuni top carini e li ho provati nel camerino. Mentre mi guardavo allo specchio, sentii qualcuno entrare nel **camerino** accanto al mio. Ho riconosciuto la sua voce come quella di una mia collega. Ci siamo salutati e abbiamo iniziato a chiacchierare di lavoro. Dopo qualche minuto, entrambi abbiamo finito e siamo andati per la **nostra** strada, ma ci siamo incontrati di nuovo più tardi. Abbiamo continuato a chiacchierare e ci siamo resi conto di avere in comune più di quanto pensassimo.

Preguntas de comprensión

1. ¿Dónde le gusta más almacenar?

2. ¿Cuál es su tienda favorita en el centro comercial?

3. ¿Cuánto tiempo suele permanecer en el centro comercial?

4. ¿Qué opinas de la gente que pasa mucho tiempo en el centro comercial?

5. ¿Qué es lo que más te gusta hacer en el centro comercial?

6. ¿Alguna vez has comprado algo en el centro comercial cuando realmente no lo necesitabas?

7. ¿Cómo reaccionas cuando ves en el centro comercial algo que te gustaría mucho, pero es demasiado caro?

8. ¿Alguna vez has visto algo en el centro comercial y te has preguntado quién lo compraría?

9. ¿Qué opinas de las personas que están ocupadas con sus teléfonos móviles en el centro comercial en lugar de mirar las tiendas?

Domande di comprensione

1. Dove vi piace di più conservare?

2. Qual è il vostro negozio preferito nel centro commerciale?

3. Quanto tempo si ferma di solito al centro commerciale?

4. Cosa pensa delle persone che trascorrono molto tempo al centro commerciale?

5. Qual è la cosa che preferite fare al centro commerciale?

6. Avete mai comprato qualcosa al centro commerciale quando non ne avevate davvero bisogno?

7. Come reagite quando al centro commerciale vedete qualcosa che vi piacerebbe molto, ma che costa troppo?

8. Avete mai visto qualcosa al centro commerciale e vi siete chiesti chi lo avrebbe comprato?

9. Qual è la sua opinione sulle persone che al centro commerciale sono impegnate con il cellulare invece di guardare i negozi?

En el mercado

Me levanto temprano el sábado por la mañana, ansiosa por llegar al **mercado** antes de que se llene de gente. Me pongo algo de ropa y salgo por la puerta, cogiendo mis bolsas reutilizables por el camino. Mientras camino, empiezo a planear lo que quiero hacer para la semana que viene. Sé que quiero **asar** verduras al menos una vez, así que tendré que comprar verduras de buena calidad. También quiero hacer una sopa o un guiso, así que también tendré que comprar carne. Tendré que ver qué tiene buena pinta cuando llegue allí. El mercado está a unas pocas manzanas y ya veo los puestos instalados y la **gente** arremolinada.

Llego al mercado y me dirijo directamente al puesto de verduras. La selección es preciosa y lleno mis bolsas con una gran variedad de productos **frescos**. Hablo un rato con el agricultor y me recomienda algunas recetas. Estoy deseando probarlas. Mientras compro, charlo con los **agricultores para** conocerlos a ellos y a sus productos. Cuando tengo todas las verduras que necesito, paso a la sección de carne. Aquí estoy un poco más indecisa, ya que no estoy segura de lo que quiero comprar. Al final me decido por el pollo porque es versátil y se puede utilizar en una gran variedad de platos. También compro varios cortes de carne,

Al mercato

Mi sveglio presto il sabato mattina, desiderosa di andare al **mercato** prima che sia troppo affollato. Mi infilo i vestiti e mi avvio verso la porta, prendendo le mie borse riutilizzabili. Mentre cammino, inizio a pianificare quello che voglio fare per la settimana a venire. So che voglio **arrostire le** verdure almeno una volta, quindi dovrò comprare delle verdure di buona qualità. Voglio anche fare una zuppa o uno stufato, quindi dovrò comprare anche della carne. Dovrò vedere cosa c'è di buono quando arriverò lì. Il mercato è a pochi isolati di distanza e vedo già le bancarelle allestite e la **gente** che vi si aggira.

Arrivo al mercato e mi dirigo subito verso il banco delle verdure. La scelta è bellissima e riempio le mie borse con una grande varietà di prodotti **freschi**. Parlo un po' con il contadino e mi consiglia alcune ricette. Non vedo l'ora di provarle. Mentre faccio la spesa, chiacchiero con i **contadini** per conoscere meglio loro e i loro prodotti. Dopo aver preso tutte le verdure che mi servono, passo al reparto carne. Qui sono un po' più titubante, perché non sono sicuro di quello che voglio prendere. Alla fine scelgo il pollo, perché è versatile e può essere utilizzato in diversi piatti. Compro anche alcuni tagli di carne diversi, assicurandomi di prendere

asegurándome de comprar carne de vaca alimentada con pasto y **pollo** de corral. El carnicero era un hombre amable, siempre alegre a pesar de las largas horas de trabajo. Me envolvió las pechugas de pollo y el filete antes de charlar conmigo sobre sus planes para el fin de semana. Me despedí de él y seguí mi camino. También compré huevos y queso en la sección de productos lácteos.

El mercado bullía de gente, todos ellos ansiosos por hacerse con los productos frescos y la carne que se ofrecían. El aire huele a ajo y cebolla, y el sonido de las risas y las conversaciones llena el ambiente. Me abrí paso entre la multitud, eligiendo los demás artículos que necesitaba para mi compra semanal. Llené mi **cesta** de fruta y verdura, pasta y pan, antes de dirigirme a la caja. La cola era larga, pero avanzaba rápidamente. Por fin, compré los últimos **alimentos** y fue hora de volver a casa. Cargamos el coche y el viaje a casa fue largo y tedioso. El tráfico era intenso y el calor era agobiante. Finalmente, el coche entró en la calzada y el alivio fue palpable. La casa estaba fresca y tranquila, y era un refugio después del **ajetreo** del mercado. Todo estaba guardado y la casa pronto volvió a su tranquilidad habitual. Tenía todo lo que necesitaba para preparar unas **deliciosas** comidas para mí y para mi familia. Era bueno estar en casa.

carne di manzo nutrita con erba e **pollo** allevato all'aperto. Il macellaio era un uomo cordiale, sempre allegro nonostante le lunghe ore di lavoro. Mi ha incartato i petti di pollo e la bistecca prima di parlarmi dei suoi programmi per il fine settimana. Lo salutai e proseguii per la mia strada. Ho preso anche delle uova e del formaggio dal reparto latticini.

Il mercato era pieno di gente, tutti desiderosi di mettere le **mani sui** prodotti freschi e sulla carne che venivano offerti. Nell'aria si sentiva l'odore dell'aglio e delle cipolle, e il suono delle risate e delle conversazioni riempiva l'aria. Mi feci strada tra la folla, scegliendo gli altri articoli necessari per la mia spesa settimanale. Riempii il mio **cestino** di frutta e verdura, pasta e pane, prima di dirigermi alla cassa. La fila era lunga, ma si snodava rapidamente. Finalmente gli ultimi acquisti furono fatti ed era ora di tornare a casa. L'auto fu caricata e il viaggio verso casa fu lungo e noioso. Il traffico era intenso e il caldo opprimente. Alla fine l'auto entrò nel vialetto e il sollievo fu palpabile. La casa era fresca e silenziosa ed era un rifugio dopo il **trambusto** del mercato. Tutto fu messo a posto e la casa tornò presto alla sua solita pace e tranquillità. Avevo tutto il necessario per preparare dei piatti **deliziosi** per me e per la mia famiglia. Era bello essere a casa.

Preguntas de comprensión

1. ¿Dónde va la persona?

2. ¿Qué quiere comprar la persona?

3. ¿Cuántas bolsas tiene la persona?

4. ¿A qué distancia está el mercado?

5. ¿Qué está haciendo la persona en este momento?

6. ¿Qué es todo en el mercado?

7. ¿Cuántas personas hay en el mercado?

8. ¿Cuánto tiempo tardó la persona en comprar todo?

9. ¿Cómo se fue la persona a su casa?

10. ¿Qué hizo la persona al llegar a casa?

Domande di comprensione

1. Dove sta andando la persona?

2. Cosa vuole comprare la persona?

3. Quante borse ha la persona?

4. Quanto è lontano il mercato?

5. Cosa sta facendo la persona in questo momento?

6. Che cos'è il mercato?

7. Quante persone ci sono nel mercato?

8. Quanto tempo ha impiegato la persona a comprare tutto?

9. Come è tornata a casa la persona?

10. Cosa ha fatto la persona quando è tornata a casa?

En una cafetería

Era una fría mañana **de otoño** y había quedado con mi amiga Lily en nuestra cafetería favorita para tomar un café. Me abrigué con mi abrigo y mi bufanda y me puse en marcha. Las hojas se caían de los árboles y el aire era un poco frío, pero el sol brillaba y prometía ser un día precioso. Mientras caminaba, **pensé** en lo bueno que era tener una amiga como Lily. Éramos amigas desde hacía años, desde que nos conocimos en **la universidad**. Nos unía nuestra afición al café y a pasar tiempo charlando en las cafeterías. Aunque ahora vivíamos en zonas distintas de la ciudad, nos las arreglábamos para quedar para tomar un café una vez a la semana. Llegué a la cafetería y Lily ya estaba allí, esperándome. Nos abrazamos y pedimos nuestros cafés. Encontramos una mesa junto a la ventana y nos sentamos a charlar. El **café** estaba delicioso, como siempre, y fue muy agradable ponerse al día con Lily. Hablamos de nuestra semana, nuestros trabajos y nuestros planes para el futuro. Siempre era tan fácil hablar con Lily, y sentía que podía contarle cualquier cosa. Después de un rato, empezamos a tener hambre y **decidimos** pedir algo de comida.

Pedimos la comida y nos sentamos junto a la ventana. El sol entraba por la ventana, haciendo que todo

In un caffè

Era una fredda mattina **d'autunno** e avevo fissato un appuntamento con la mia amica Lily al nostro bar preferito per un caffè. Mi avvolsi al caldo nel cappotto e nella sciarpa e mi avviai. Le foglie cadevano dagli alberi e l'aria era pungente, ma il sole splendeva e prometteva di essere una bella giornata. Mentre camminavo, **pensavo** a quanto fosse bello avere un'amica come Lily. Eravamo amiche da anni, da quando ci eravamo conosciute all'**università**. Avevamo legato per il nostro amore per il caffè e per il tempo trascorso a chiacchierare nei bar. Anche se ora vivevamo in zone diverse della città, riuscivamo comunque a vederci per un caffè una volta alla settimana. Arrivai al caffè e Lily era già lì ad aspettarmi. Ci salutammo con un abbraccio e poi ordinammo i nostri caffè. Trovammo un tavolo vicino alla finestra e ci sedemmo a chiacchierare. Il **caffè** era delizioso, come sempre, ed è stato così bello recuperare il tempo perduto con Lily. Parlammo della nostra settimana, dei nostri lavori e dei nostri progetti per il futuro. Era sempre così facile parlare con Lily e mi sembrava di poterle dire tutto. Dopo un po' cominciammo ad avere fame e **decidemmo** di ordinare qualcosa da mangiare.

Ordinammo il cibo e trovammo posto vicino alla

fuera cálido y alegre. Charlamos mientras comemos, disfrutando del simple placer de estar en **compañía** del otro. La cafetería estaba llena de gente, pero no se sentía abarrotada. Había una sensación de paz y satisfacción en el aire. Cuando terminamos nuestra comida, nos sentamos un rato más, disfrutando de la **atmósfera de** paz. Hablamos durante un rato de diferentes cosas que nos habían pasado en la vida. Fue muy agradable ponerse al día con mi amigo y **relajarse**. El sol brillaba a través de la ventana y parecía que **nada** podía arruinar nuestro día perfecto.

De repente, oí un fuerte golpe. Me di la vuelta y vi que un hombre había caído por el techo y estaba tendido en el suelo frente a nosotros. Estaba **cubierto** de polvo y escombros y parecía estar inconsciente. Mi amigo y yo nos quedamos en estado de shock mientras miramos al hombre tendido en el suelo. No sabíamos qué hacer ni a quién pedir ayuda. Nos quedamos sentados mirándole, sin saber qué hacer. Al cabo de unos minutos, me recuperé y llamé al 911. La operadora me dijo que alguien llegaría pronto. Colgué el teléfono y le conté a mi amigo lo que había dicho la operadora. Nos quedamos sentados esperando a que llegara la ayuda. Me pareció una eternidad, pero finalmente **apareció** una ambulancia. Los paramédicos se apresuraron a entrar y comenzaron a trabajar en el hombre. Rápidamente determinaron que estaba herido y que había que llevarlo al **hospital**.

finestra. Il sole entrava dalla finestra, rendendo tutto più caldo e felice. Chiacchierammo mentre mangiavamo, godendoci il semplice piacere di stare in **compagnia**. Il caffè era affollato, ma non sembrava affollato. C'era una sensazione di pace e soddisfazione nell'aria. Finito il cibo, ci sedemmo ancora per un po', godendoci l'**atmosfera** tranquilla. Abbiamo parlato per un po' di cose diverse che stavano accadendo nelle nostre vite. È stato così bello recuperare il tempo perduto con la mia amica e **rilassarsi**. Il sole splendeva attraverso la finestra e sembrava che **nulla** potesse rovinare la nostra giornata perfetta.

All'improvviso sentii un forte schianto. Mi girai e vidi che un uomo era caduto dal soffitto e giaceva sul pavimento di fronte a noi. Era **coperto** di polvere e detriti e sembrava privo di sensi. Io e il mio amico eravamo entrambi sotto shock mentre fissavamo l'uomo steso sul pavimento. Non sapevamo cosa fare o chi chiamare aiuto. Rimanemmo lì a fissarlo, senza sapere cosa fare. Dopo qualche minuto mi sono ripreso e ho chiamato il 911. L'operatore mi disse che qualcuno sarebbe arrivato presto. Riattaccai il telefono e raccontai al mio amico quello che mi aveva detto l'**operatore**. Rimanemmo entrambe sedute ad aspettare l'arrivo dei soccorsi. Sembrava un'eternità, ma alla fine **arrivò** un'ambulanza. I paramedici si precipitarono e iniziarono a lavorare sull'uomo. Hanno subito stabilito che era ferito e che doveva essere portato in **ospedale**.

Preguntas de comprensión

1. ¿De dónde viene el hombre que cae por el tejado?

2. ¿Por qué está la mujer con su amiga en el café?

3. ¿Cuál es el café favorito de los dos amigos?

4. ¿Desde cuándo se conocen los dos amigos?

5. ¿Cuál es la bebida favorita de los dos amigos?

6. ¿En qué ciudad viven los dos amigos?

7. ¿Con qué frecuencia se encuentran los dos amigos?

8. ¿De qué hablan los dos amigos cuando se encuentran por primera vez en su café favorito?

9. ¿Cuál es la comida favorita de los dos amigos?

10. ¿Por qué es tan fácil hablar con Lily?

Domande di comprensione

1. Da dove viene l'uomo che cade dal tetto?

2. Perché la donna è con la sua amica nel caffè?

3. Qual è il caffè preferito dai due amici?

4. Da quanto tempo i due amici si conoscono?

5. Qual è la bevanda preferita dai due amici?

6. In quale città vivono i due amici?

7. Quanto spesso si incontrano i due amici?

8. Di cosa parlano i due amici quando si incontrano per la prima volta nel loro caffè preferito?

9. Qual è il cibo preferito dai due amici?

10. Perché è così facile parlare con Lily?

Ir a nadar

La piscina siempre era un lugar **refrescante,** y hoy no era diferente. El sol brillaba y el agua parecía atractiva. Respiré profundamente y me zambullí, sintiendo el fresco abrazo del agua. Nadé un rato, disfrutando del ejercicio y de la oportunidad de despejar la cabeza. Después de un rato, salí y me sequé, y me senté en una toalla para relajarme al sol. Cerré los ojos y dejé que el **calor** me bañara, sintiendo que mis músculos empezaban a relajarse. De repente, oigo un chapoteo y abro los ojos para ver a mi hermana pequeña **remando** en la parte menos profunda. Sonreí y la observé durante un rato, luego me levanté y me acerqué a ella. Charlamos un rato y remamos juntas, disfrutando de la compañía de la otra. Pronto se unieron nuestros padres y pasamos el resto de la tarde nadando y jugando juntos. Siempre es muy agradable pasar tiempo con la familia en la piscina. Hay **algo** en el agua que parece unir a la gente. Tal vez sea porque todos somos iguales cuando estamos en el agua, no podemos ocultar nuestros defectos ni fingir lo que no somos. O tal vez porque es divertido. **Cualquiera que sea** la razón, me alegro de que hayamos podido reunirnos y disfrutar de la compañía de los demás en un lugar tan especial.

El sol golpeaba mi piel y el olor a cloro estaba en el

Andare a nuotare

La piscina era sempre un luogo **rinfrescante** e oggi non era diverso. Il sole splendeva e l'acqua sembrava invitante. Feci un respiro profondo e mi tuffai, sentendo il fresco abbraccio dell'acqua. Nuotai per un po', godendomi l'esercizio e la possibilità di schiarirmi le idee. Dopo un po' uscii e mi asciugai, poi mi sedetti su un asciugamano per rilassarmi al sole. Chiusi gli occhi e lasciai che il **calore** mi avvolgesse, sentendo i miei muscoli iniziare a rilassarsi. All'improvviso sentii uno spruzzo e aprii gli occhi per vedere la mia sorellina **che sguazzava** nel basso fondale. Sorrisi e la osservai per un po', poi mi alzai e mi avvicinai a lei. Chiacchierammo per un po' e pagaiarono insieme, godendo della reciproca compagnia. Presto i nostri genitori ci raggiunsero e passammo il resto del pomeriggio nuotando e giocando insieme. Era sempre così bello passare del tempo con la famiglia in piscina. C'è **qualcosa** nello stare in acqua che sembra unire le persone. Forse perché quando siamo in acqua siamo tutti uguali, non possiamo nascondere i nostri difetti o fingere di essere ciò che non siamo. O forse è solo perché è divertente! **Qualunque sia** la ragione, mi ha fatto piacere che ci siamo riuniti tutti insieme e che ci siamo goduti la reciproca compagnia in un luogo così speciale.

aire. Oigo el sonido de los niños riendo y chapoteando en la piscina. Estaba tumbada en una tumbona junto a la piscina, tomando el sol y **disfrutando** del día. Tenía los ojos cerrados y estaba a punto de dormirme cuando oí que alguien se acercaba a mí. Abrí los ojos y vi a una mujer de pie junto a mí. Llevaba un bikini y una toalla alrededor de la cintura. Tenía el pelo largo y rubio y los ojos azules. Llevaba un bote de **crema solar** en la mano. "¿Te importa si te pongo un poco de crema solar en la espalda?", me preguntó. "No, está bien", dije, sentándome para que pudiera alcanzar mi espalda. Sentí sus manos en mi piel mientras me aplicaba el protector solar.

Su tacto era suave y el aroma de la crema solar era relajante. Volví a cerrar los ojos y me relajé. Podía oír el **sonido** de sus movimientos, pero no abrí los ojos. Me contenté con estar tumbado al sol, escuchando el sonido de las olas **que** chocaban contra la orilla. Después de unos minutos, se alejó y abrí los ojos. La observé mientras volvía a su tumbona y cogía su libro. Se acomodó en su silla y empezó a leer. Volví a cerrar los ojos y me dejé llevar por el sueño. **Soñé** que nadaba en la piscina, dando vueltas de un lado a otro. El agua era refrescante y fresca en mi piel. Podía sentir el sol en mi cara y el calor del agua rodeándome. Nadé durante lo que **me parecieron** horas, hasta que finalmente llegué al otro lado de la piscina y salí. Me sequé con una toalla y me tumbé en la tumbona.

Il sole batteva sulla mia pelle e l'odore di cloro era nell'aria. Sentivo il rumore dei bambini che ridevano e sguazzavano nella piscina. Ero sdraiata su una sedia a **sdraio** accanto alla piscina, a prendere il sole e a **godermi la** giornata. Avevo gli occhi chiusi e stavo per addormentarmi quando sentii qualcuno avvicinarsi a me. Aprii gli occhi e vidi una donna in piedi accanto a me. Indossava un bikini e aveva un asciugamano avvolto intorno alla vita. Aveva lunghi capelli biondi e occhi azzurri. Aveva in mano un flacone di **crema solare**. "Ti dispiace se ti metto un po' di crema solare sulla schiena?", mi chiese. "No, va bene", risposi, sedendomi in modo che potesse raggiungermi la schiena. Sentii le sue mani sulla mia pelle mentre applicava la crema solare.

Il suo tocco era delicato e il profumo della crema solare era rilassante. Chiusi di nuovo gli occhi e mi rilassai. Sentivo il **rumore** dei suoi movimenti, ma non aprii gli occhi. Mi accontentai di stare sdraiato al sole, ascoltando il rumore delle onde **che si infrangevano** sulla riva. Dopo qualche minuto si allontanò e io aprii gli occhi. La guardai mentre tornava alla sua poltrona e prendeva il suo libro. Si sistemò sulla sedia e iniziò a leggere. Chiusi di nuovo gli occhi e mi lasciai andare al sonno. **Sognai** che stavo nuotando in piscina, facendo dei giri avanti e indietro. L'acqua era rinfrescante e fresca sulla mia pelle.

Preguntas de comprensión

1. ¿Dónde estaba el narrador cuando comienza la historia?

2. ¿Qué huele el narrador cuando abre los ojos?

3. ¿Qué oye el narrador cuando abre los ojos?

4. ¿De quién es el protector solar que le da la mujer al narrador?

5. ¿Con qué sueña el narrador?

6. ¿Por qué nadar en el mar es tan especial para el narrador?

7.¿Cómo se siente el agua en la que nada el narrador?

8. ¿Qué ve el narrador cuando sale del agua?

9. ¿Qué hace la mujer después de ponerle el protector solar al narrador?

Domande di comprensione

1. Dove si trovava il narratore quando ha iniziato la storia?

2. Che odore sente il narratore quando apre gli occhi?

3. Cosa sente il narratore quando apre gli occhi?

4. Di chi è la crema solare che la donna dà al narratore?

5. Che cosa sogna il narratore?

6. Perché il bagno in mare è così speciale per il narratore?

7.Come si sente l'acqua in cui nuota il narratore?

8. Cosa vede il narratore quando esce dall'acqua?

9. Cosa fa la donna dopo aver messo la crema solare al narratore?

Cortar el césped

Son las 10 de la mañana de un **sábado** de verano y el sol ya está pegando sin piedad. Te diriges al garaje para coger el cortacésped, con la sensación de estar **condenado** a realizar trabajos forzados. Empiezas a cortar el césped, asegurándote de ir despacio para no perder ningún punto. Mientras cortas, piensas en lo bien que te sientes al aire libre. Cuando empiezas a empujar el cortacésped de un lado a otro del césped, ves a tu vecino de **reojo**. Le saludas con la mano y él te devuelve el saludo.

Después de unos minutos, has terminado y te diriges a la casa de tu vecino para tomar una cerveza con él en el jardín delantero. Es un día **perfecto**: no hace demasiado calor y sopla una suave brisa. Te sientas a la sombra del árbol, bebes tu cerveza y charlas con tu vecino. Son días como éste los que te hacen apreciar el verano. Luego entras a tomar una merecida cerveza. Te tumbas en una silla del porche y abres la lata, dejando escapar un suspiro de satisfacción. El sonido del cortacésped pasa a un segundo plano mientras te relajas a la sombra, disfrutando de la **tranquilidad del** momento. La cerveza sabe muy bien después de todo el trabajo duro en el calor. Estaba a punto de entrar cuando oigo un ruido en la puerta de al lado.

Tagliare il prato

Sono le 10 del mattino di un **sabato** estivo e il sole picchia già senza pietà. Si va in garage a prendere il tosaerba, con la sensazione di essere **condannati** ai lavori forzati. Iniziate a tagliare il prato, facendo attenzione ad andare piano per non perdere nessun punto. Mentre si taglia, si pensa a quanto sia bello stare all'aria aperta. Mentre iniziate a spingere il tosaerba avanti e indietro per il prato, con la coda dell'**occhio** vedete il vostro vicino. Lo salutate con la mano e lui ricambia.

Dopo qualche minuto, avete finito e vi recate a casa del vostro vicino per bere una birra con lui nel giardino davanti a casa. È una giornata **perfetta**: non fa troppo caldo e soffia una leggera brezza. Ci si siede all'ombra dell'albero, sorseggiando la birra e chiacchierando con il vicino. Sono giornate come questa che fanno apprezzare l'estate. Poi si **entra** in casa per una meritata birra. Ci si sdraia su una sedia del portico e si apre la lattina, tirando un sospiro soddisfatto. Il rumore del tosaerba passa in secondo piano mentre vi rilassate all'ombra, godendovi la **tranquillità del** momento. La birra ha un sapore ancora più buono dopo tutto quel duro lavoro al caldo. Stavo per rientrare in casa quando ho sentito un rumore nella stanza accanto.

Parecía que alguien estaba llorando. Dejé de cortar el césped y me acerqué a la valla que separaba nuestros patios. Me asomé y vi a mi vecina, la señora Johnson, llorando en el columpio de su porche. La llamé, pero no me oyó. Trepé por la valla y me acerqué a ella. “Sra. Johnson, ¿está usted bien?” le pregunté. Me miró con lágrimas en los ojos y negó con la cabeza. “No, no estoy bien”, dijo. “Mi gato murió ayer”. Me sorprendió. No sabía qué decir. Me quedé de pie, sin saber qué hacer. Finalmente, le puse la mano en **el hombro** y le dije: “Lo siento mucho, señora Johnson. Si hay algo que pueda hacer para ayudar, por favor hágamelo saber”. “Ella negó con la cabeza y dijo: “No, **no hay nada** que nadie pueda hacer”. Luego se levantó y entró en su casa. Me quedé allí un momento, sin saber qué hacer. Luego volví a cortar el césped. Mientras terminaba, no pude evitar pensar en la señora Johnson y su gato.

Sembrava che qualcuno stesse piangendo. Smisi di falciare e mi avvicinai alla recinzione che separava i nostri cortili. Mi affacciai e vidi la mia vicina, la signora Johnson, che piangeva sul dondolo del suo portico. La chiamai, ma non mi sentì. Scavalcai la recinzione e mi avvicinai a lei. "Signora Johnson, sta bene?". Le chiesi. Lei mi guardò con le lacrime agli occhi e scosse la testa. "No, non sto bene", disse. "Ieri è morto il mio gatto". Ero scioccato. Non sapevo cosa dire. Rimasi lì impacciato, senza sapere cosa fare. Alla fine le misi una mano sulla **spalla** e dissi: "Mi dispiace molto, signora Johnson. Se posso fare qualcosa per aiutarla, me lo faccia sapere". "Lei scosse la testa e disse: "No, nessuno può fare **niente**". Poi si alzò ed entrò in casa sua. Rimasi lì per un momento, senza sapere cosa fare. Poi tornai a tagliare il prato. Mentre finivo, non potei fare a meno di pensare alla signora Johnson e al suo gatto.

Preguntas de comprensión

1. ¿Qué hora es?

2. ¿Dónde está la persona que corta el césped?

3. ¿Cómo se siente la persona?

4. ¿Por qué hay que segar despacio?

5. ¿Qué tiempo hace?

6. ¿Qué hace la persona después de segar?

7. ¿Qué oye la persona antes de irse a casa?

8. ¿Quién está con la Sra. Johnson?

9. ¿Por qué llora la Sra. Johnson?

10. ¿Qué le dice la persona a la Sra. Johnson?

Domande di comprensione

1. Che ora è?

2. Dove si trova la persona che sta falciando?

3. Come si sente la persona?

4. Perché la persona deve falciare lentamente?

5. Che tempo fa?

6. Cosa fa la persona dopo la falciatura?

7. Cosa sente la persona prima di tornare a casa?

8. Chi è con la signora Johnson?

9. Perché la signora Johnson piange?

10. Cosa dice la persona alla signora Johnson?

Cortarse el pelo

Llevaba semanas queriendo cortarme el pelo, pero siempre me las arreglaba para posponerlo. Pero con **la Navidad a** la vuelta de la esquina, sabía que no podía posponerlo más. No quería llegar a la cena de Navidad de mi familia con un aspecto desaliñado. Así que, a primera hora de la mañana de Navidad, me dirigí a la peluquería. Aunque era temprano, la peluquería ya estaba ocupada con otras personas que se **estaban** peinando para las fiestas. Me puse en la cola y esperé mi turno. Finalmente, me tocó el turno de la silla. La estilista, una amable mujer llamada Jill, me preguntó qué quería. "Sólo un recorte, nada demasiado drástico", respondí. Jill se puso a trabajar, recortando mi pelo. Mientras trabajaba, empecé a relajarme. Me sentí bien por fin cuidando de mí misma. Últimamente había estado tan ocupada, corriendo de un lado a otro cuidando de todos los demás, que había dejado de lado mis propias necesidades. Pero **ya** no. A partir de ahora, iba a sacar tiempo para mí.

Cuando Jill terminó, me miré en el espejo y quedé satisfecha con lo que vi. Mi cabello se veía ordenado y pulido, perfecto para las reuniones navideñas. **Le di las gracias a Jill** y tomé nota de que volvería más a menudo. A partir de ahora, lo primero que haré será

Tagliarsi i capelli

Erano settimane che volevo tagliarmi i capelli, ma in qualche modo riuscivo sempre a rimandare. Ma con il **Natale** alle porte, sapevo che non potevo più rimandare. Non volevo presentarmi alla cena di Natale della mia famiglia con un aspetto trasandato. Così, la mattina presto di Natale, mi sono recata al salone. Anche se era presto, il salone era già pieno di persone che **si facevano** fare i capelli per le feste. Presi posto nella fila e aspettai il mio turno. Finalmente arrivò il mio turno sulla poltrona. La parrucchiera, una donna gentile di nome Jill, mi chiese cosa volessi. “Solo una spuntatina, niente di troppo drastico”, risposi. Jill si mise al lavoro, tagliando i miei capelli. Mentre lavorava, cominciai a rilassarmi. Mi sentivo bene a prendermi finalmente cura di me stessa. Ultimamente ero stata così occupata a correre in giro per prendermi cura di tutti gli altri, che avevo lasciato cadere in secondo piano i miei bisogni. Ma **ora** non **più**. D’ora in poi avrei trovato il tempo per me stessa.

Quando Jill ha finito, mi sono guardata allo specchio e sono rimasta soddisfatta di ciò che ho visto. I miei capelli avevano un aspetto ordinato e curato, perfetto per le feste. **Ringraziai** Jill e presi **nota** di tornare più spesso. D’ora in poi mi prenderò cura di me

cuidarme a mí misma. Se puso a trabajar cortando mi cabello. Pensé en lo agradecida que estaba de haberme cortado el pelo por fin. Me sentí bien al saber que estaría presentable para la **cena de** Navidad. Ya no tendría que preocuparme de que mi familia se burlara de mi aspecto "desaliñado". Después de unos minutos, el estilista terminó de cortarme el pelo y me secó rápidamente. Me miré en el espejo y me sentí feliz con lo que vi: un aspecto limpio que sería perfecto para la cena de Navidad. Ahora que mi corte de pelo había terminado, podía centrarme en disfrutar de las vacaciones con mi familia. Y estaba aún más agradecida por ello.

Me sentí muy **liberada** y me encantó el aspecto de mi nuevo corte de pelo. Después de pagar mi corte de pelo, me fui a casa y empecé a hacer la maleta para mi viaje. Me **moría de** ganas de enseñar mi nuevo look a mi familia y amigos. Sabía que se sorprenderían cuando me vieran. El día de mi vuelo, llegué al aeropuerto con tiempo de sobra. Pasé el control de seguridad sin problemas y pronto me puse en camino. En cuanto llegué a mi destino, pude sentir la emoción en el aire. Definitivamente, ¡la Navidad está en el aire! Mi familia estaba allí para recibirme en el aeropuerto, y todos estaban sorprendidos por mi nuevo corte de pelo. Pasamos los siguientes días **poniéndonos al** día y disfrutando de la **compañía de los** demás.

stessa prima di tutto. Si mise al lavoro per tagliare i miei capelli. Pensai a quanto fossi grata di essermi finalmente decisa a tagliarmi i capelli. Era bello sapere che sarei stata presentabile per la **cena** di Natale. Non avrei più dovuto preoccuparmi che la mia famiglia mi prendesse in giro per il mio aspetto “trasandato”. Dopo qualche minuto, la parrucchiera finì di tagliarmi i capelli e mi diede una rapida asciugata. Mi guardai allo specchio e fui felice di ciò che vedevo: un look pulito che sarebbe stato perfetto per la cena di Natale. Ora che il taglio di capelli era stato superato, potevo concentrarmi sulle vacanze con la mia famiglia. Ed ero ancora più grata per questo.

Mi sentivo così **libera** e adoravo l’aspetto del mio nuovo taglio di capelli. Dopo aver pagato il taglio, sono tornata a casa e ho iniziato a fare i bagagli per il mio viaggio. **Non** vedevo l’ora di mostrare il mio nuovo look alla mia famiglia e ai miei amici. Sapevo che sarebbero rimasti sorpresi quando mi avrebbero visto. Il giorno del volo sono arrivata all’aeroporto con molto tempo a disposizione. Ho superato i controlli di sicurezza senza problemi e presto sono partita. Non appena arrivai a destinazione, sentii l’eccitazione nell’aria. Il Natale era decisamente nell’aria! La mia famiglia era lì ad accogliermi all’aeroporto ed erano tutti stupiti del mio nuovo taglio di capelli. Abbiamo trascorso i giorni successivi a **chiacchierare** e a goderci la reciproca **compagnia**.

Preguntas de comprensión

1. ¿Qué tenía que hacer el protagonista antes de Navidad?

2. ¿Cómo se sentía la protagonista al cuidar de sí misma?

3. ¿Quién recortó el pelo del protagonista?

4. ¿Por qué la familia de la protagonista iba a burlarse de ella?

5. ¿Cómo se sintió la protagonista después de cortarse el pelo?

6. ¿Qué hizo la protagonista después de cortarse el pelo?

7. ¿Cuál fue la reacción de la familia de la protagonista ante su corte de pelo?

8. ¿Qué hizo el protagonista en Nochebuena?

9. ¿Qué hizo que la experiencia del protagonista fuera más especial?

Domande di comprensione

1. Che cosa doveva fare il protagonista prima di Natale?

2. Come si è sentita la protagonista nel prendersi cura di sé?

3. Chi ha tagliato i capelli al protagonista?

4. Perché la famiglia della protagonista la prendeva in giro?

5. Come si è sentita la protagonista dopo essersi tagliata i capelli?

6. Che cosa ha fatto la protagonista dopo essersi tagliata i capelli?

7. Qual è stata la reazione della famiglia della protagonista al suo taglio di capelli?

8. Che cosa ha fatto il protagonista la vigilia di Natale?

9. Cosa ha reso più speciale l'esperienza del protagonista?

El parque

El sol se ponía y el parque estaba vacío. Me senté en el banco, esperando a mi **amiga**. Habíamos quedado aquí hace una hora, pero ella siempre llegaba tarde. Justo cuando estaba a punto de rendirme y volver a casa, la vi correr hacia mí. "Lo siento mucho", jadeó al llegar al banco. "Mi tren se **retrasó**". "Está bien", dije **con perdón**. "Acabo de llegar yo mismo". Nos sentamos y charlamos un rato, poniéndonos al día de la vida de cada uno desde la última vez que nos vimos. La conversación fluye con **facilidad** y parece que no ha pasado nada de tiempo desde la última vez que nos vimos. Al ponerse el sol, nos despedimos y nos fuimos por caminos distintos. La siguiente vez que nos vimos fue en otro parque. De nuevo, llegó tarde, pero no me importó. Era agradable tener a alguien con quien hablar y que me **entendiera**. Hablamos de nuestros sueños y **aspiraciones**, de las cosas que queríamos hacer con nuestras vidas. Ella me contó sus planes de viajar por el mundo, y yo compartí mi sueño de convertirme en escritor. Al ponerse el sol un día más, nos despedimos una vez más, prometiendo que esta vez nos mantendríamos en contacto.

Pasaron los años y nuestra **amistad** siguió siendo fuerte, aunque ahora vivíamos en diferentes partes del

Il parco

Il sole stava tramontando e il parco era vuoto. Mi sedetti sulla panchina ad aspettare la mia **amica**. Avevamo programmato di incontrarci qui un'ora fa, ma lei era sempre in ritardo. Proprio quando stavo per arrendermi e tornare a casa, la vidi correre verso di me. "Mi dispiace tanto", ansimò quando raggiunse la panchina. "Il mio treno è **in ritardo**". "Non c'è problema", dissi **con indulgenza**. "Sono appena arrivato anch'io".
Ci siamo seduti e abbiamo chiacchierato per un po', aggiornandoci sulle nostre vite dall'ultima volta che ci siamo visti. La conversazione è fluita **facilmente** e ci è sembrato che non fosse passato affatto del tempo dall'ultima volta che ci siamo visti. Al tramonto ci siamo salutati e abbiamo preso strade diverse. La volta successiva ci incontrammo in un altro parco. Anche in questo caso era in ritardo, ma non mi dispiaceva. Era bello avere qualcuno con cui parlare che mi **capisse**. Parlammo dei nostri sogni e delle nostre **aspirazioni**, delle cose che volevamo fare nella nostra vita. Lei mi parlò dei suoi progetti di viaggiare per il mondo e io le confidai il mio sogno di diventare scrittrice. Al tramonto di un altro giorno, ci siamo salutate ancora una volta, promettendo di tenerci in contatto questa volta.

Gli anni sono passati e la nostra **amicizia** è rimasta

país. Nos mantuvimos en contacto mediante cartas y llamadas telefónicas ocasionales, compartiendo noticias de nuestras vidas. Cuando anunció que se iba a casar, no me **sorprendió**, ya que siempre había sido una **aventurera**. Pero cuando me pidió que fuera su dama de honor en la ceremonia de su boda, que se celebraba al otro lado del mundo desde donde yo vivía... ¡hubo que convencerla! Al final, no podía dejar que mi mejor amiga se casara sin estar a su lado, así que, a pesar de mis temores (¡y tras muchas súplicas por su parte!), acepté acompañarla en lo que resultó ser la **aventura** de su vida.

Por fin llegó el día de la **boda**. Estaba nerviosa, pero emocionada por formar parte de un momento tan importante en la vida de mi amiga. La ceremonia fue preciosa, y ella parecía feliz mientras decía sus votos. **Después**, lo celebramos con una gran fiesta: ¡parecía que todos sus conocidos habían venido a celebrarlo con ella! Fue un día **mágico** que nunca olvidaré, y nuestra amistad no hizo más que fortalecerse después de aquella aventura. Ahora, años después, seguimos en contacto. Las dos hemos **cambiado** mucho desde que nos conocimos, pero nuestra amistad es tan fuerte como siempre. Cada vez que nos encontramos, ya sea en un parque o en **el otro lado del mundo**, parece que no ha pasado el tiempo.

forte, anche se ora viviamo in zone diverse del Paese. Ci siamo tenute in contatto tramite lettere e telefonate occasionali, condividendo le notizie della nostra vita. Quando annunciò che si sarebbe sposata, non ne fui **sorpreso**: era sempre stata un tipo **avventuroso**. Ma quando mi ha chiesto di farle da damigella d'onore alla cerimonia di matrimonio che si sarebbe svolta a metà strada dal luogo in cui vivevo... c'è voluto un po' per convincerla! Alla fine, però, non potevo permettere che la mia migliore amica si sposasse senza di me al suo fianco, così, nonostante le mie paure (e dopo molte suppliche da parte sua!), ho **accettato** di partecipare a quella che si è rivelata l'**avventura** di una vita.

Finalmente è arrivato il giorno del **matrimonio**. Ero nervosa, ma entusiasta di partecipare a un momento così importante della vita della mia amica. La cerimonia è stata bellissima e lei sembrava felice mentre pronunciava le sue promesse. **Dopo**, abbiamo festeggiato con una grande festa: sembrava che tutti i suoi conoscenti fossero venuti a festeggiare con lei! È stato un giorno **magico** che non dimenticherò mai, e la nostra amicizia si è rafforzata dopo quell'avventura. Ora, a distanza di anni, ci teniamo ancora in contatto. Siamo **cambiate** molto da quando ci siamo conosciute, ma la nostra amicizia è più forte che mai. Ogni volta che ci incontriamo, che sia in un parco o **dall'altra parte del** mondo, sembra che il tempo non sia mai passato.

Preguntas de comprensión

1. ¿Dónde se conocieron la autora y su amiga?

2. ¿Por qué el amigo del autor llegó tarde a su reunión?

3. ¿De qué hablaron los amigos cuando se reencontraron años después?

4. ¿Cómo se sintió la autora al asistir a la ceremonia de la boda de su amiga?

5. Describe el escenario de la ceremonia de la boda.

6. ¿Cómo ha cambiado la amistad entre las dos mujeres a lo largo del tiempo?

7. ¿Cuál es el sueño del autor?

8. ¿Dónde piensa viajar el amigo del autor?

9. ¿Por qué la autora dudaba en asistir a la ceremonia de boda de su amiga?

Domande di comprensione

1. Dove si sono incontrati per la prima volta l'autrice e la sua amica?

2. Perché l'amico dell'autore è arrivato in ritardo all'incontro?

3. Di che cosa hanno parlato gli amici quando si sono rivisti anni dopo?

4. Come si è sentita l'autrice ad assistere alla cerimonia di matrimonio della sua amica?

5. Descrivete l'ambientazione della cerimonia nuziale.

6. Come è cambiata l'amicizia tra le due donne nel corso del tempo?

7. Qual è il sogno dell'autore?

8. Dove intende viaggiare l'amico dell'autore?

9. Perché l'autrice esitava a partecipare alla cerimonia di matrimonio della sua amica?

www.ingramcontent.com/pod-product-compliance
Lightning Source LLC
LaVergne TN
LVHW012102160826
845678LV00014B/2901